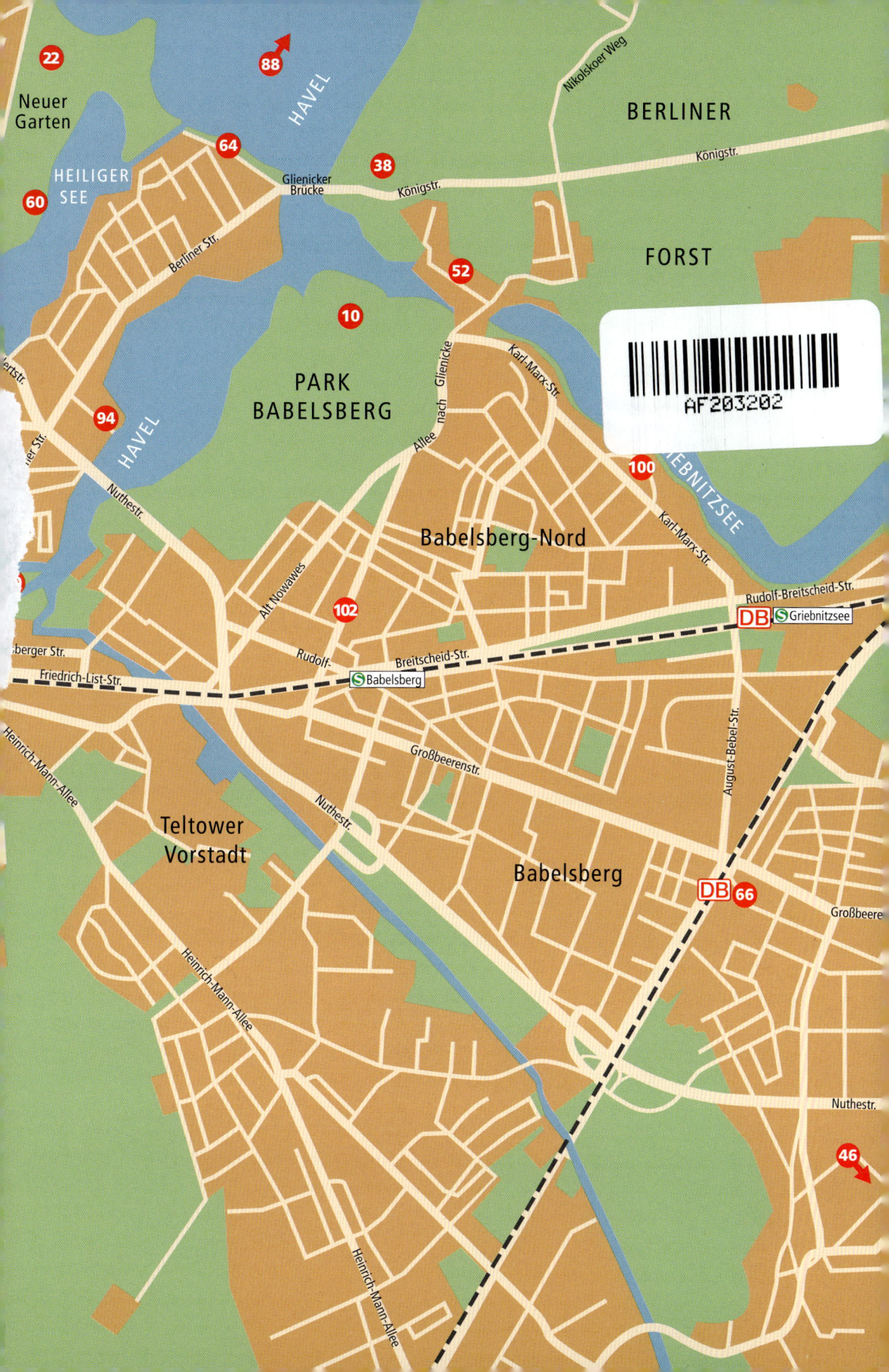

Clemens Beeck
Günter Schneider (Fotos)

# Highlights in
# Potsdam

Der praktische Begleiter für
Entdeckungstouren durch die Stadt

**Jaron Verlag**

Für die freundliche Unterstützung danken wir der Stiftung Preußische Schlösser und Gärten Berlin-Brandenburg (SPSG).

Die Aufnahmen zu folgenden Objekten entstanden mit Genehmigung der SPSG: Schloss und Park Babelsberg, Bildergalerie, Schloss Caputh, Schloss Cecilienhof, Schloss Charlottenhof, Römische Bäder, Dampfmaschinenhaus, Friedenskirche, Marlygarten, Schloss und Park Glienicke, Jagdschloss Stern, Marmorpalais, Neuer Garten, Orangerie-schloss, Belvedere auf dem Klausberg, Neues Palais, Schloss Paretz, Pfingstberg, Ruinenberg, Historische Mühle, Schloss Sacrow sowie Schloss und Park Sanssouci.

*Abbildungen*
Vordere Umschlagseite: Chinesisches Haus im Park Sanssouci
S. 2: Kuppeln der Nikolaikirche und des Fortunaportals (Stadtschloss)
S. 6: Schloss Sanssouci mit Weinbergterrassen
S. 109: Römisches Bad im Park Sanssouci
Hintere Umschlagseite (von links oben): Innenhof der Römischen Bäder, Brandenburger Tor, Schriftzug am Schloss Sanssouci, östlicher Flügel der Bildergalerie

Aktualisierung und Recherchen: Anna Zachmann

Erweiterte und vollständig aktualisierte Neuausgabe
1. Auflage dieser Ausgabe 2023
© 2018–2023 Jaron Verlag GmbH, Berlin
www.jaron-verlag.de
Karte (S. 1): Matthias Frach, Berlin
Liniennetzplan (S. 112): ViP Verkehrsbetrieb Potsdam GmbH
Umschlaggestaltung: Bauer+Möhring, Berlin, unter Verwendung von Fotos von Günter Schneider
Satz und Layout: Prill Partners | producing, Barcelona
Lithografie: Bild1Druck GmbH, Berlin
Druck und Bindung: FINIDR, s.r.o., Český Těšín
ISBN 978-3-89773-845-4

# Potsdams Highlights – Zwischen Krone und Kultur

Der Name Potsdam stand in der Vergangenheit für ein Königreich, das seit Langem nicht mehr existiert: Preußen. Bis zur Novemberrevolution 1918, als die Hohenzollern-Dynastie abdankte, haben die gekrönten Häupter die brandenburgische Stadt nach ihrem Gusto geformt und gestaltet. Nicht etwa Berlin, sondern Potsdam war in der warmen Jahreszeit ihr bevorzugter Aufenthalt, dort setzte sich die ambitionierte Monarchie in Szene.

Niemand beherrschte die Kunst der royalen Selbstdarstellung so virtuos wie König Friedrich II., auch der Große genannt (1712–86). Mit seinem stilsicheren Gespür für ästhetische und ausdrucksstarke Baukunst erhob der musisch begabte König die einst spartanische Garnisonsstadt in den Rang einer prachtvollen Residenz. Sein Schloss Sanssouci ist ein künstlerisches Glanzlicht Preußens und zugleich ein weltweit bewundertes Meisterwerk des Rokoko.

Hundert Jahre vor Friedrich dem Großen war es Friedrich Wilhelm von Brandenburg, der Große Kurfürst (1620–88), der den Grundstein für das fürstliche Potsdam legte. Er wählte den bis dahin unbedeutenden Ort an der Havel zu seiner zweiten Residenz neben Berlin und ließ erstmals ein Schloss errichten – es erlebte jüngst als Stadtschloss seine Wiederauferstehung. Für alle Zeiten mit Potsdam verbunden ist das Toleranzedikt von 1685, mit dem der Große Kurfürst die Ansiedlung der in Frankreich verfolgten Hugenotten in Brandenburg ermöglichte.

Folgenreich für die Entwicklung Potsdams, das damals noch eine Kleinstadt war, war die Vision eines holländischen Freundes. Reichsgraf Moritz von Nassau riet Friedrich Wilhelm: „Daz gantze eyland muss ein paradeys werden." Generationen von herausragenden Baumeistern, Gartenkünstlern und Bildhauern wirkten daran, dass dieser Ratschlag durch verschiedene Kunstepochen hindurch zur Realität wurde.

Hervorzuheben ist die kongeniale Zusammenarbeit des Baukünstlers Karl Friedrich Schinkel und des Gartenkünstlers Peter Joseph Lenné. Unter den Königen Friedrich Wilhelm III. (1770–1840) und IV. (1795–1861) ver-

wandelten sie in der ersten Hälfte des 19. Jahrhunderts die malerische Potsdamer Havellandschaft in ein preußisches Arkadien, in eine romantische Idealwelt. Der Kranz von Palästen und Parks rund um den Jungfernsee gleicht einem Gemälde der ewigen Glückseligkeit. Das preußische Paradies gehört seit 1990 zum Weltkulturerbe der Unesco.

Nach dem Ende der Monarchie ersetzte die Welt des Films den aristokratischen Glanz durch glitzernden Glamour. Der Stadtteil Babelsberg ist seit einem Jahrhundert Inbegriff einer Traumfabrik. In den Filmstudios wirkten einst die berühmten Schauspieler der UFA, heute stehen dort die Stars aus Hollywood vor der Kamera.

Potsdam ist auch eine Stadt der Wissenschaft. Klangvolle Namen wie der des Nobelpreisträgers Albert Einstein sind mit der heutigen Landeshauptstadt Brandenburgs verbunden. Das Institut für Klimafolgenforschung unterstreicht die derzeitige globale Bedeutung Potsdamer Wissenschaft.

Die große Vergangenheit führte dazu, dass Potsdam auch nach der Ära der Hohenzollern die Mächtigen anzog. Zwei bedeutende Ereignisse der deutschen Geschichte fanden hier statt, die für den Beginn und das Ende der nationalsozialistischen Diktatur stehen: der „Tag von Potsdam" am 21. März 1933, ein Staatsakt, der Adolf Hitler in die Kontinuität preußisch-deutscher Geschichte stellen sollte, und die „Potsdamer Konferenz", auf der im Sommer 1945 die drei Siegermächte des Zweiten Weltkriegs über die Zukunft Deutschlands berieten.

Neben Sanssouci und all den anderen sehenswerten Schlössern besitzt Potsdam eine Vielzahl bezaubernder Viertel und malerischer Stadtwinkel, die zu einer Zeitreise in die Vergangenheit einladen. Sein unbeschwertheiterer Charme, gepaart mit dem Flair vergangener Noblesse, aber auch seine Nähe zur Bundeshauptstadt machen die ehemalige Residenzstadt zu einer der lebens- und liebenswertesten Städte Deutschlands.

Dieser frisch aktualisierte Stadtführer zeigt Ihnen alle wichtigen Highlights in Potsdam. Ein kurzer Text erzählt alles Wissenswerte über die jeweilige Sehenswürdigkeit. Die Adressen und Hinweise zur Anreise mit den öffentlichen Verkehrsmitteln erleichtern Ihnen die Planung Ihrer Entdeckungsreise durch die Stadt. Und durch die QR-Codes gelangen Sie sofort auf die jeweilige Webseite – und damit zu den aktuellen Öffnungszeiten. Der Serviceteil, ein Stadt- und ein Liniennetzplan sowie zwei Register geben Ihnen alle weiteren wichtigen Informationen für Ihren Aufenthalt in einer der schönsten Kulturlandschaften Europas.

# Alter Markt

Potsdams historische Mitte ist Schloss-, Kirch-, Rathaus- und Marktplatz zugleich. In der Mitte des Alten Marktes steht der 25 Meter hohe **Obelisk**, 1753–55 nach einem Entwurf des Hofarchitekten Knobelsdorff errichtet. Gesäumt wird der Platz vom wiederaufgebauten → **Stadtschloss** mit dem Fortuna-Portal (Sitz des brandenburgischen Landtags), vom Palast → **Barberini** sowie vom **Alten Rathaus**. Friedrich der Große (1712–86) ließ das Rathaus 1753–55 auf Staatskosten umbauen – der Alte Markt sollte die repräsentative Erhabenheit altehrwürdiger Hauptstädte ausstrahlen. Jan Bouman d. Ä. und Carl Ludwig Hildebrandt verwendeten für die prachtvolle Fassade des Rathauses einen nicht realisierten Entwurf des italienischen Baumeisters Andrea Palladio für einen Palast in Oberitalien. Die Tambourkuppel, in der sich bis 1875 ein Gefängnis befand, krönt ein vergoldeter Atlas, der die Weltkugel trägt. Nach seiner Zerstörung im Zweiten Weltkrieg wurde das Rathaus 1963–66 mit originalgetreuer Fassade neu errichtet. Seit 2012 hat hier das **Potsdam Museum** sein Domizil.

Nach dem Zweiten Weltkrieg wurde die schwer beschädigte historische Bebauung größtenteils abgetragen und zum Teil durch Wohnbauten und einen großen Hochschulbau ersetzt. Dieser ist inzwischen wieder abgerissen, seit 2013 wird der alte Kern Potsdams wieder kleinteilig bebaut, zum Teil hinter originalgetreu rekonstruierten Fassaden. Hier soll eine bunte Mischung aus Wohnen, Gewerbe und Gastronomie entstehen.

**Potsdam Museum**
Am Alten Markt 9, Tel. 289 68 68

▷ Tram 91, 92, 93, 96, 98, 99
  Alter Markt ∕ Landtag

Am Alten Markt: Altes Rathaus und Knobelsdorff-Haus

Auf der Rathausspitze: Goldener Atlas mit Weltkugel

Nach römischem Vorbild: Alter Markt mit Rathaus und Obelisk

1000 Jahre Stadtgeschichte: Das Potsdam Museum

(Im Uhrzeigersinn von links oben)

# Babelsberg, Schloss und Park

Es ist ein Märchenschloss der Romantik: Einer Burg aus dem Mittelalter gleich erhebt sich das Schloss Babelsberg über der Havel. Märchenhaft war auch die ungewöhnliche Karriere, die der Schlossherr erlebte: Als Zweitgeborener zunächst ohne Anspruch auf die Krone, wurde er nach dem Tod seines Bruders Friedrich Wilhelm IV. doch König von Preußen – und schließlich sogar Herrscher des 1871 proklamierten Deutschen Reiches.

Der spätere Kaiser Wilhelm I. (1797–1888) ließ als Prinz 1834 seinen Sommersitz zunächst von Karl Friedrich Schinkel im englischen Tudorstil erbauen. Das erste neugotische Schloss auf europäischem Festland war jedoch nicht mehr repräsentativ genug, als Wilhelm nach dem Tod seines Vaters, des Königs Friedrich Wilhelm III., und aufgrund der Kinderlosigkeit seines Bruders 1840 unverhofft zum Anwärter auf die Krone ernannt wurde. So vergrößerten die Architekten Ludwig Persius und Johann Heinrich Strack den zweigeschossigen Backsteinbau bis 1849 zu einem veritablen Kastell mit festungsartigem Turm. Besonders der Tanzsaal im achteckigen Mittelturm ist ein Juwel der Neogotik.

Mit der Ausgestaltung des ursprünglich von Peter Joseph Lenné geplanten Schlossparks wurde der exzentrische Fürst Hermann von

---

**Schloss Babelsberg**
Park Babelsberg 10
Tel. 969 42 49

**Flatowturm**
Park Babelsberg 12

▷ Bus 616 Schloss Babelsberg

Wie eine mittelalterliche Burg:
Schloss Babelsberg

Stand einst in Berlin: Die Gerichtslaube

Im Stil der Neogotik: Der Große
Festsaal

Von Fürst Pückler gestaltet:
Babelsberger Schlosspark

(Im Uhrzeigersinn von links oben)

Pückler-Muskau beauftragt. Der berühmte Gartenkünstler verwandelte den Babelsberg in eine romantische Parklandschaft mit pittoresken Wasserspielen – Brunnen, Bächen und Kaskaden – sowie originell arrangierten Blumenbeeten. Die Wasserfontäne in der Havel überragt mit einer Höhe von 40 Metern die Fontäne am Französischen Rondell im Park Sanssouci, der sie nachgebildet ist.

Zu den Sehenswürdigkeiten im drittgrößten Schlossgarten Potsdams gehört der **Flatowturm**, der 1853–56 nach dem Vorbild des mittelalterlichen Eschenheimer Tors in Frankfurt am Main von Strack errichtet wurde. Vom Kaiserpaar als Gästehaus genutzt, beherbergt der Turm heute die Dauerausstellung „Schöne Aussichten!" zur Geschichte des Turms und des Babelsberger Parks. Ein Original aus dem Mittelalter ist die ehemalige Berliner **Gerichtslaube**, die 1872 als Teil des alten Berliner Rathauses abgetragen und im Babelsberger Park neu errichtet wurde. Die Vorliebe der Ehefrau Wilhelms I. und späteren Kaiserin Augusta (1811–90) für englische Baukunst zeigt sich besonders am **Kleinen Schloss**, das 1843 am Havelufer im Stil der Tudorgotik erbaut wurde. In dem Bauwerk, das heute gastronomisch genutzt wird, verbrachte 1858 das spätere Kaiserpaar Friedrich III. (1831–88) und Victoria (1840–1901) seine Flitterwochen.

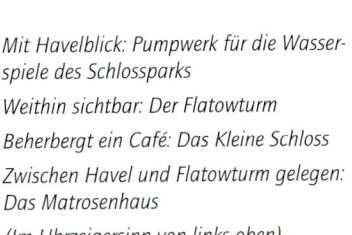

*Mit Havelblick: Pumpwerk für die Wasserspiele des Schlossparks*

*Weithin sichtbar: Der Flatowturm*

*Beherbergt ein Café: Das Kleine Schloss*

*Zwischen Havel und Flatowturm gelegen: Das Matrosenhaus*

*(Im Uhrzeigersinn von links oben)*

# Barberini, Museum

Das Museum Barberini ist seit seiner Eröffnung 2017 eines der meistbesuchten Kunstmuseen in Deutschland. Das liegt zum einen an der hochkarätigen Sammlung vor allem impressionistischer Malerei, die in der Dauerausstellung präsentiert wird. Zum anderen an den Wechselausstellungen, die regelmäßig bedeutende Kunstschätze aus aller Welt nach Potsdam bringen. Inititator des Museums ist der in Potsdam lebende SAP-Mitbegründer und Kunstmäzen Hasso Plattner, der 2022 auch Das → **Minsk** eröffnete. Als die Wiederaufbaupläne rund um den → **Alten Markt** Gestalt annahmen, ergriff Plattner die Chance und finanzierte die äußerlich originalgetreue Rekonstruktion des Palais Barberini, um seine Sammlung zu präsentieren. Der im Zweiten Weltkrieg zerstörte Originalbau stammte von 1771/72, Vorbild für den Baumeister Carl von Gontard war der römische Palazzo Barberini – ein Meisterwerk Carlo Madernos aus dem 17. Jahrhundert. Gontard folgte damit dem Wunsch Friedrichs des Großen, den Alten Markt im Stil eines römisch-barocken Schmuckplatzes zu gestalten.

1845–49 erweiterte der Architekt Ludwig Persius das Palais um zwei Seitenflügel. Neben dem rekonstruierten Museum Barberini vervollständigen die Fassadenrekonstruktionen in der Humboldtstraße 3 und 4 (nach den Vorbildern des Palazzo Pompej und des Palazzo Chiericati) das römische Stadtbild aus friderizianischer Zeit.

Humboldtstraße 5–6
Tel. 236 01 44 99

▷ Tram 91, 92, 93, 96, 99
   Alter Markt/Landtag

Kunstpalast: Das 2017 eröffnete Museum Barberini am Alten Markt

Skulptur im Museumshof: „Jahrhundertschritt" von Wolfgang Mattheuer

Hochkarätige Gemälde: Ausstellungssaal im Museum

Nachgebaut: Alt-Potsdam mit Palais Barberini an der Alten Fahrt

(Im Uhrzeigersinn von links oben)

# Bildergalerie

Die Bildergalerie gehört zu den prachtvollsten Gemäldegalerien Europas. Friedrich der Große ließ sie direkt neben seinem Schloss → **Sanssouci** errichten. Der Anblick des langgestreckten Saals, ausgestattet mit edlem gelbweißem Marmorboden aus antiken Steinbrüchen und verschwenderisch geschmückt mit vergoldetem Stuck, lässt jeden Besucher ins Schwärmen geraten. Nicht minder überwältigend ist die dort ausgestellte Sammlung flämischer und italienischer Künstler wie Michelangelo Merisi da Caravaggio, Pieter Brueghel d. Ä., Peter Paul Rubens und Anthonis van Dyck.

Das 1764 fertiggestellte Bauwerk von Johann Gottfried Büring war zu seiner Entstehungszeit eine Besonderheit. Üblicherweise präsentierte der Adel seine kostbaren Gemälde innerhalb seiner Schlösser. Die Bildergalerie baute Friedrich II. jedoch eigens für den Zweck, seine Sammlung aufzubewahren und ausgewählten Besuchern zu zeigen. Damit ist die Bildergalerie einer der ältesten selbstständigen Museumsbauten Deutschlands.

Die Köpfe an der Fassade stellen berühmte Künstler wie Albrecht Dürer oder Rubens dar. Im barocken **Holländischen Garten** vor der Galerie liegt das Oranierrondell, umstanden von Marmorbüsten holländischer Verwandter des Hauses Hohenzollern.

Im Park Sanssouci 4
Tel. 96 94 200

▷ Bus 695, X15
   Schloss Sanssouci

*Traum in Gold und Marmor: Der östliche Flügel der Bildergalerie*

*Blick vom Oranierrondell: Die Schatzkammer Friedrichs II.*

*Allegorische Darstellung der Wissenschaften: Skulptur vor der Fassade*

*(Im Uhrzeigersinn von oben)*

# Brandenburger Straße

Am östlichen Ende der Brandenburger Straße:
Die Kirche St. Peter und Paul

Baudenkmal von 1905: Warenhaus

Beliebter Treffpunkt: Luisenplatz vor dem
Brandenburger Tor

Farbenfroh: Nachahmung byzantinischer
Kunst im Kirchensaal

(Im Uhrzeigersinn von links oben)

Die Brandenburger Straße ist eine beliebte
Fußgängerzone im historischen Stadtzentrum.
Ungewöhnlich für eine florierende Einkaufs-
meile ist die hohe Anzahl an kleinen, niedrigen
Häusern. Die bescheidenen Gebäude stammen
aus den Jahren 1734–38, als König Friedrich
Wilhelm I. (1688–1740) die Stadt Potsdam
zum zweiten Mal in seiner Amtszeit vergrößern
ließ. Neben den zweigeschossigen Bauten aus
dem 18. Jahrhundert sticht das stattliche Kauf-
haus an der Ecke Jägerstraße hervor. Sehens-
wert sind der glasgedeckte Lichthof und die
Jugendstil-Glasdecke in der ersten Etage.
Der schnurgerade Straßenzug führt von der
St. Peter und Paul Kirche am Bassinplatz auf
das **Brandenburger Tor** am Luisenplatz zu. Das
Stadttor im Stil römischer Triumphbögen ließ
Friedrich II. 1770/71 zum Gedenken an den
Siebenjährigen Krieg (1756–63) errichten.
Die stadtseitige Fassade schmückte Carl von
Gontard, die Front am Luisenplatz schuf Georg
Christian Unger.
Die **Kirche St. Peter und Paul** entstand ein
Jahrhundert später und hat ebenfalls ein ita-
lienisches Vorbild: Der weithin sichtbare Glo-
ckenturm mit gemauertem Kegelhelm ist dem
Campanile der Kirche San Zeno in Verona
nachempfunden. Der Kirchensaal ist im byzan-
tinischen Stil mit Mosaiken geschmückt.

**Kirche St. Peter und Paul**
Bassinplatz
Tel. 230 79 90

▷ Tram 92, 96, Bus 604, 609, 638
  Brandenburger Straße

# Caputh, Schloss

In Caputh am Südufer des Templiner Sees steht das älteste erhaltene Schloss der Potsdamer Residenzlandschaft. Aus der Zeit des Großen Kurfürsten stammt das **Schloss Caputh**, das dessen zweite Gemahlin im Jahr 1671 zu ihrem Landsitz ausbauen ließ. In italienisch-niederländischem Stil gestaltet, ist das Haus ein Juwel aus der Frühphase des Barock. Sehenswert ist vor allem der Speisesaal im Souterrain, der 1720 vollständig mit rund 7500 blau-weißen Fayencefliesen aus Holland verkleidet wurde. Das Schloss Caputh war Schauplatz des Dreikönigstreffens im Juli 1709. Der erste Preußenkönig, Friedrich I., hatte seine Kollegen aus Polen und Dänemark, August den Starken und Friedrich IV., eingeladen, um über einen Pakt gegen Schweden zu verhandeln.
Auch Albert Einstein (1879–1955) zog sich im Sommer gern nach Caputh zurück. Seit 1929 besaß er am Waldrand hoch über dem Ort ein schlichtes, aber idyllisches Holzhaus mit großem Garten. Nach drei Sommern allerdings emigrierte er 1933 in die USA. Das **Einsteinhaus** dient heute dem Gedankenaustausch zwischen Forschenden aller Disziplinen und ist zu bestimmten Zeiten zu besichtigen.

**Schloss Caputh**
Straße der Einheit 2
Tel. 0332/097 03 45

▷ Bus 607, 613 Caputh, Schloss

**Einsteinhaus**
Am Waldrand 15–17
Tel. 27 17 80

▷ Bus 607
   Caputh, Schumannstraße

*Sommeridyll: Albert Einsteins Refugium in Caputh*

*Einzigartig: Mit Fliesen verkleideter Speisesaal im Schloss Caputh*

*Juwel des Frühbarocks: Das älteste Schloss im Raum Potsdam*

*Aus der Zeit des Großen Kurfüsten: Festsaal im Schloss*

*(Im Uhrzeigersinn von links oben)*

# Cecilienhof, Schloss

Das Schloss im **Neuen Garten**, unweit vom Jungfernsee gelegen, war der Ort der Potsdamer Konferenz, des historischen Treffens der Siegermächte des Zweiten Weltkriegs. Josef Stalin, Staatschef der UdSSR, US-Präsident Harry S. Truman und der britische Premierminister Winston Churchill (später sein Nachfolger Clement Attlee) tagten vom 17. Juli bis zum 2. August 1945 auf Schloss Cecilienhof. Hier besiegelten die „Großen Drei" die Nachkriegsordnung Europas, die mittelbar zur Spaltung Deutschlands und des Kontinents in Ost und West führte.

Mit dem Schloss im Neuen Garten hatte die gastgebende Sowjetunion den jüngsten – und damit komfortabelsten – Palast der Hohenzollern ausgewählt. 1913–17 wurde das Anwesen für das Kronprinzenpaar Wilhelm von Preußen (1882–1951) und Cecilie von Mecklenburg-Schwerin (1886–1954) erbaut. Nach Ende der Monarchie 1918 lebte das Paar dort noch bis zu seiner Flucht kurz vor Ende des Zweiten Weltkriegs.

Architekt Paul Schultze-Naumburg gestaltete das Schloss wie ein englisches Landhaus im Tudorstil. Dekorative Schornsteine schmücken das Cottage mit seinen 176 Räumen. Die große Halle, Wohnraum der kaiserlichen Thronfolger, diente 1945 als Konferenzsaal der Alliierten. Der runde Verhandlungstisch ist ebenso noch zu besichtigen wie einige Privaträume der Exzellenzen.

Im Neuen Garten 11
Tel. 96 94 200

▷ Bus 603
  Schloss Cecilienhof

*Jüngster Hohenzollern-Palast:
Schloss Cecilienhof im Neuen
Garten*

*Heute ein Ausflugslokal:
Die alte Meierei nahe dem
Schloss*

*Hier tagten die Alliierten:
Der Sitzungssaal der Potsdamer Konferenz*

*(Im Uhrzeigersinn von oben)*

# Charlottenhof, Schloss

König Friedrich Wilhelm III. unterstützte seine Söhne beim Bau eigener Schlösser. Dem 30-jährigen Kronprinzen Friedrich Wilhelm (1795–1861) schenkte der Monarch zu diesem Zweck an Weihnachten 1825 das Gut Charlottenhof südwestlich des Schlosses Sanssouci. Das Gutshaus verwandelte Baumeister Karl Friedrich Schinkel in eine Villa, die römischen Mustern folgt. Der architektonisch begabte Thronfolger steuerte eigene Skizzen bei, und zusammen schufen die beiden ein Juwel des preußischen Klassizismus. Von Schinkel stammt auch die Ausgestaltung der zehn Räume. In dem originellen Zeltzimmer logierte 1835–40 der Naturforscher Alexander von Humboldt. Ein zauberhafter Rosengarten und ein erhabener Dichterhain flankieren das kleinste Schloss im Park → **Sanssouci** und sorgen für die intime Atmosphäre des Anwesens. Auf einer Säule im nördlichen Teich steht die Büste der Hausherrin Elisabeth von Bayern (1801–73), die als Frau Friedrich Wilhelms IV. seit 1840 Königin von Preußen war.

Fußläufig zum Schloss liegen die **Römischen Bäder**, malerische Landhäuser, die ebenfalls Schinkel und der Kronprinz gemeinsam ersonnen haben. In Zusammenarbeit mit dem Baumeister Ludwig Persius entstand ein antikisierendes Gebäudeensemble, das wie die römischen Vorbilder reich an Skulpturen und Fresken ist.

**Schloss Charlottenhof**
Geschwister-Scholl-Straße 34a
Tel. 969 42 00

**Römische Bäder**
Geschwister-Scholl-Straße 34a

▷ Tram 91, 94, Bus 605, 610 606
   Schloss Charlottenhof

Nach antikem Vorbild: Das von Schinkel erbaute Schloss Charlottenhof

Beherbergte Alexander von Humboldt: Das Zeltzimmer im Schloss

Zeugt vom königlichen Fernweh: Innenhof der Römischen Bäder

Mit Jaspiswanne und Marmorplastiken: Caldarium im Römischen Bad

(Im Uhrzeigersinn von links oben)

# Dampfmaschinen-haus (Moschee)

Das auffällige Bauwerk an der Neustädter Havelbucht wirkt wie eine osmanische Moschee, ist aber in Wirklichkeit ein Profanbau: Im orientalisch anmutenden Gebäude befindet sich innovative Technologie aus dem Zeitalter der industriellen Revolution.
Das Dampfmaschinenhaus entstand 1841 bis 1843 während der Regentschaft Friedrich Wilhelms IV. (1795–1861), damit endlich die fantasievollen Wasserspiele im Park → **Sanssouci** zum Sprudeln gebracht werden konnten. Bereits 100 Jahre zuvor hatte Friedrich II. die Fontäne anlegen lassen. Eine 82 PS starke Zweizylindermaschine pumpte das Wasser nun aus der Havel in das 1800 Meter entfernte Bassin auf dem → **Ruinenberg**.
Dank der neuesten Maschinen der Firma Borsig gelang es, die Große Fontäne vor dem Weinberg des Schlosses Sanssouci 38 Meter emporschießen zu lassen, ganz so, wie es sich Friedrich der Große einst vorgestellt hatte.
Der königliche Baumeister Ludwig Persius hatte die Aufgabe, die lärmende und rauchende Technik in dekorativer Manier in die Potsdamer Traumwelt einzufügen. Den schnöden Schornstein kaschierte er deshalb in Gestalt eines Minaretts. Besonders schmuckreich gestaltete Persius den Maschinenraum: Er zitiert die maurische Baukunst der Mezquita von Córdoba und der Burg Alhambra in Granada.

Breite Straße 28
Tel. 969 42 00

▷ Tram 91, 94, Bus 605, 606
Feuerbachstraße

*In Form einer Moschee: Das Dampfmaschinenhaus an der Havelbucht*

*Maurische Baukunst: Blick in den Maschinenraum*

*Kraftvolle Technik: Zahnräder von 1843*

*Kunstvolle Konstruktion aus Eisen: Die oberen Arkaden*

*(Im Uhrzeigersinn von links oben)*

# Filmmuseum

Einstiger Marstall: Deutschlands ältestes Filmmuseum

Treffpunkt für Cineasten: Museumskino

Stehen im Rampenlicht: Stars und Sternchen

Spielerische Vermittlung der Kinogeschichte: Ausstellung im Museum

(Im Uhrzeigersinn von oben)

Ein Muss für Kinofans ist das Filmmuseum. Im historischen Gebäude des Marstalls am → **Stadtschloss** dreht sich alles um die Welt des Zelluloids. Der Fokus der Ausstellung liegt natürlich auf der Geschichte der weltberühmten Studios in der → **Medienstadt Babelsberg**, die vor über 100 Jahren gegründet wurden. Von den legendären Traumfabriken UFA und DEFA bis zur Gegenwart: Im Filmmuseum sind Requisiten, Kostüme, antiquierte Aufnahmetechnik und Plakate ausgestellt. Daneben sind fast täglich im Kinosaal historische Spielfilme zu sehen. Ein besonderes Highlight ist die originale Kinoorgel aus den 1920er-Jahren, die bei Stummfilmvorführungen zum Einsatz kommt.

Der Marstall, in dem sich seit 1981 das Filmmuseum befindet, wurde 1685 ursprünglich als Orangerie des Stadtschlosses erbaut. Unter Friedrich Wilhelm I. wurde das Gebäude zum Reitstall umfunktioniert, unter Friedrich II. erhielt es seine heutige Gestalt. Imposant sind die vom Bildhauer Friedrich Christian Glume d. J. geschaffenen Pferdegruppen auf der Attika. An der Rückseite des ehemaligen Marstalls steht das **Steuben-Denkmal**. Der in Magdeburg geborene General Friedrich Wilhelm von Steuben (1730–94) war ein Held des nordamerikanischen Unabhängigkeitskriegs. Er starb in New York, wo ihm zu Ehren alljährlich eine Parade abgehalten wird.

Breite Straße 1a
Tel. 271 81 12

▷ Tram 91, 92, 93, 96, 99
Alter Markt/Landtag

# Freundschaftsinsel

Eine der schönsten grünen Oasen Potsdams ist ein von der Havel umflossenes Eiland. Die sieben Hektar große Freundschaftsinsel liegt an der Langen Brücke auf dem Weg zwischen Hauptbahnhof und Altstadt. Zum Park gestaltet wurde die Insel 1938–40. Aus dieser Zeit stammen auch die beiden Torhäuser, hinter denen eine abwechslungsreiche Pflanzenwelt aus blühenden Sträuchern, über 100 000 Stauden und 35 000 Blumen liegt. Lehrreiche Schilder informieren über die Gewächse.

Die Gestaltung der Freundschaftsinsel ist eine Mischung aus drei Jahrzehnten: den 30er-, 50er- und 70er-Jahren des 20. Jahrhunderts. Das bunte Blumenmeer ist eine blühende Hommage an den bedeutenden Gartenexperten **Karl Foerster** (1874–1970), der von 1910 bis zu seinem Tod in Potsdam tätig war. Staudenzüchter und Gartenpoet Foerster wirkte sowohl vor als auch nach dem Zweiten Weltkrieg an der Freundschaftsinsel mit. Mehr als 200 Stauden, die in dem Inselpark angepflanzt sind, hat Foerster selbst gezüchtet. Dem grünen Professor zu Ehren wurde auf der Freundschaftsinsel 1974 ein Denkmal aus Edelstahl aufgestellt. Weitere Attraktionen sind die Wasserachse mit Seerosen und Fontänen, ein Ausstellungspavillon und ein großer Wasserspielplatz. Dank einer Initiative der Potsdamer Bürgerstiftung finden auf der kleinen Freilichtbühne, die lange im Dornröschenschlaf lag, nun wieder Veranstaltungen statt.

Lange Brücke
Bis Einbruch der Dunkelheit geöffnet

▷ Tram 91, 92, 93, 96, 99
Lange Brücke

Paradiesisch: Flora auf der Freundschaftsinsel

Balanceakt: Paddeln im Stehen auf der Alten Fahrt

Wartet auf Beute: Fischreiher

Zu Ehren des Staudenzüchters: Denkmal für Karl Foerster

(Im Uhrzeigersinn von oben)

# Friedenskirche und Marlygarten

Zwei preußische Könige und ein deutscher Kaiser fanden hier ihre letzte Ruhe: Die Friedenskirche war das erste Gotteshaus in → **Sanssouci**, errichtet 100 Jahre nach dem gleichnamigen Schloss. Bauherr Friedrich Wilhelm IV. (1795–1861) und seine Gattin Elisabeth von Bayern (1801–73) sind in der Gruft der Friedenskirche, die 1845–56 nach dem Vorbild frühchristlicher Kirchen in Rom erbaut wurde, bestattet. Beeindruckend ist das wertvolle goldleuchtende Mosaik im Altarraum. Das mittelalterliche Kunstwerk aus dem Jahr 1108 stammt aus der niedergerissenen Kirche San Cipriano auf Murano bei Venedig.

In dem klosterähnlichen Ensemble der Friedenskirche wurde 1890 ein Mausoleum für Kaiser Friedrich III. (1831–88) errichtet, in dem auch der Sarkophag seiner englischen Gemahlin Victoria (1840–1901) steht. In dem Mausoleum sind weitere Mitglieder des Hauses Hohenzollern bestattet, darunter seit 1991 König Friedrich Wilhelm I. (1688–1740). Den neobarocken Kuppelbau entwarf Julius Carl Raschdorff, Architekt des Berliner Doms.

Westlich der Bauwerke liegt der schmuckvolle **Marlygarten**, der vor seiner Gestaltung als Landschaftsgarten im Jahre 1847 als Küchengarten der Krone diente.

Mit dem 1850 erbauten, aus Terracotta-Reliefs bestehenden **Triumphtor** an der nahen Weinbergstraße idealisierte Friedrich Wilhelm IV. die Geschichte Preußens.

*Aus dem Mittelalter: Mosaik in der Apsis der Friedenskirche*

*Erhaben: Die Basilika der Friedenskirche und das Mausoleum (rechts)*

*Erinnerung an Preußens Macht: Das Triumphtor am Winzerberg*

*Inmitten eines kunstvoll arrangierten Beets: Blumengöttin Flora im Marlygarten*

*(Im Uhrzeigersinn von links oben)*

Am Grünen Gitter 3
Tel. 969 42 00

▷ Bus 614, 650, X15
  Friedenskirche

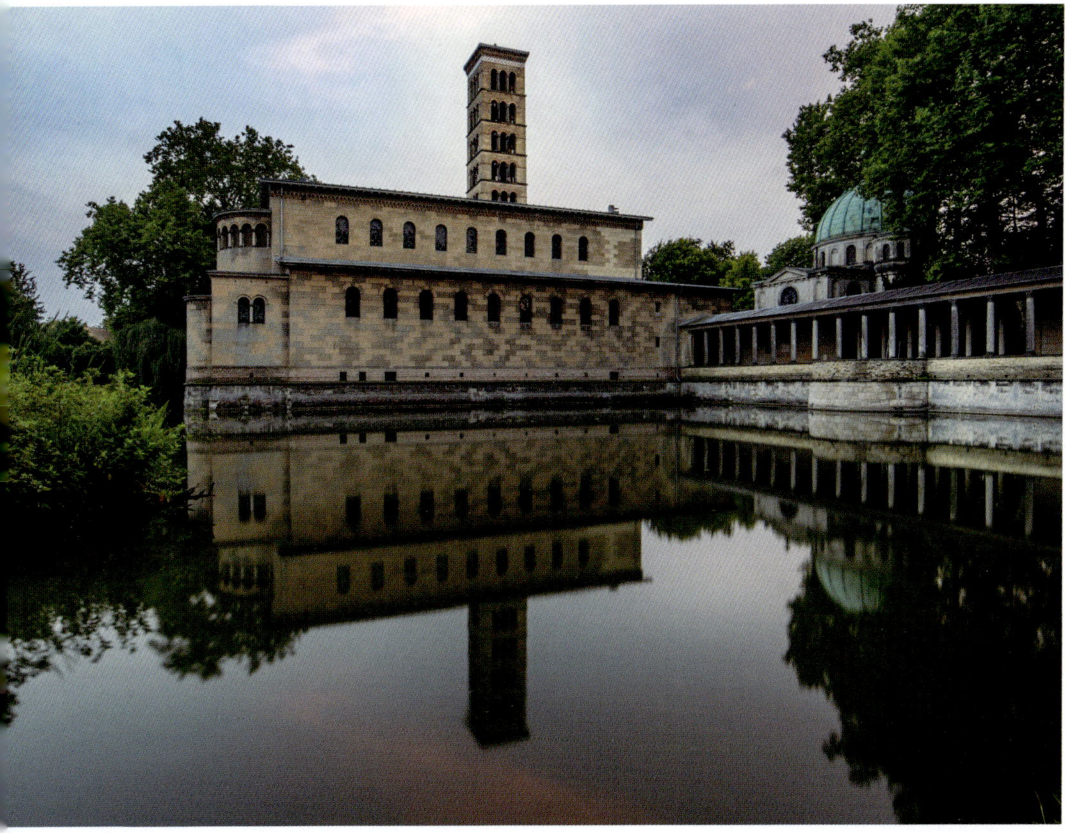

FRIEDRICH WILHELM IV K. P
HAT DIES THOR ZU ERBAUEN BEFOHLEN HUNDERT + SECHS JAHRE
NACH DER GRÜNDUNG VON SANS-SOUCI
MDCCCLI

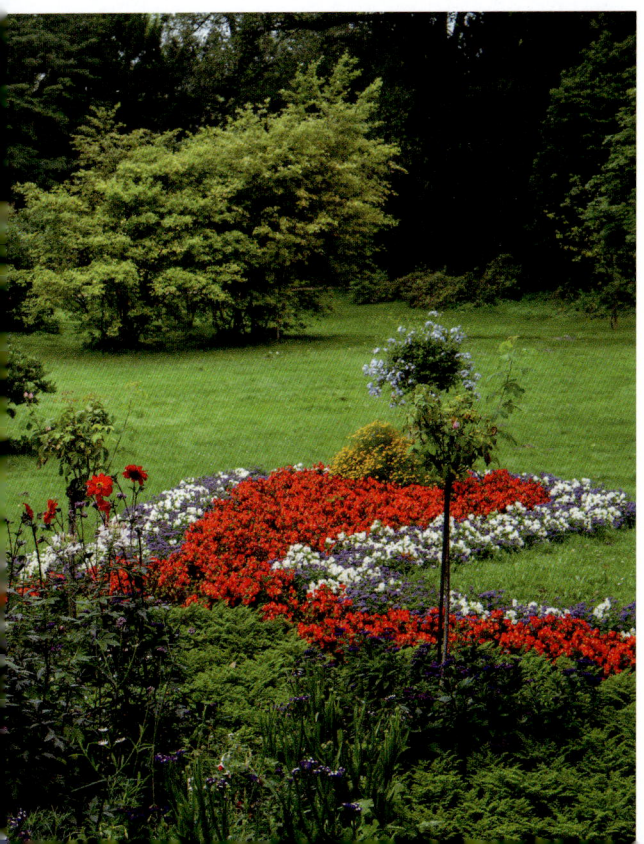

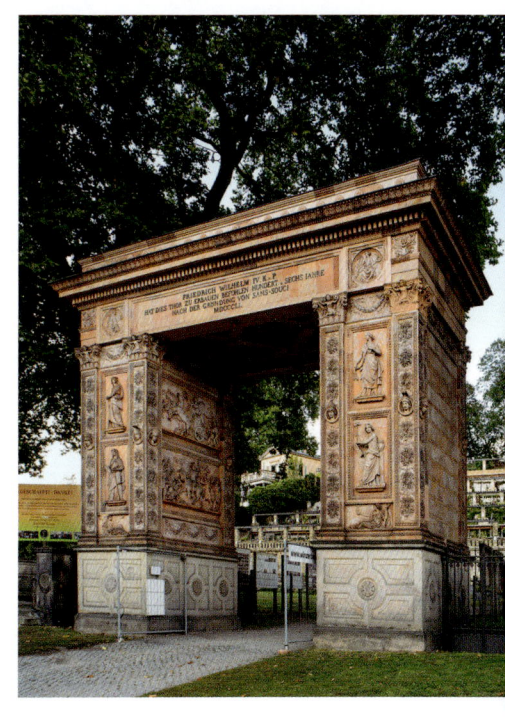

# Garnisonkirche

Die Garnisonkirche war einst das höchste Bauwerk und das Wahrzeichen Potsdams. Das Gotteshaus mit dem 89 Meter hohen Kirchturm galt zugleich als Symbol des preußischen Militärstaats. Soldatenkönig Friedrich Wilhelm I. (1688–1740) veranlasste 1730 den Bau der Kirche in Sichtweite zum → **Stadtschloss** an der Breiten Straße. Nach seinem Tod wurde der strenge Regent hier bestattet. 1786 folgte der Sarg seines Thronfolgers Friedrich II. Die Kirche war fortan eine Kultstätte für Anhänger der preußischen Krone. Die Nationalsozialisten inszenierten hier am 21. März 1933, anlässlich der Eröffnung des Reichstages, den Schulterschluss Hitlers mit den Eliten des untergegangenen Kaiserreiches. Dieser „Tag von Potsdam" wurde zum Stigma und führte in der DDR zum Abriss der kriegsbeschädigten Kirche im Jahr 1968.

Der Wiederaufbau nach den Originalentwürfen des preußischen Baumeisters Johann Philipp Gerlach wurde überaus kontrovers diskutiert. Bis Anfang 2024 soll die Rekonstruktion des Turms mit Aussichtsplattform abgeschlossen sein. Die Zukunft des Kirchenschiffs ist noch offen. Doch das legendäre 40-stimmige Glockenspiel der Garnisonkirche klingt bereits wieder in der nahe gelegenen Grünanlage **Plantage**. Neben dem Gotteshaus hat sich die prächtige, 1780 von Georg Christian Unger errichtete Fassade des im Zweiten Weltkrieg zerstörten **Langen Stalls** erhalten, eines bereits 1734 erbauten Reithauses.

**Ausstellung zur Geschichte der Garnisonkirche**
Nagelkreuzkapelle
Breite Straße 7
Tel. 201 18 30

▷ Bus 580, 695 Schloßstraße

Nachguss: Das vielgerühmte Glockenspiel der Garnisonkirche

Künftig wieder auf dem Kirchturm:
Die Wetterfahne mit preußischen
Insignien

Nur noch Kulisse: Die prächtige
Fassade des Langen Stalls

(Im Uhrzeigersinn von oben)

# Gedenkstätte Leistikowstraße

Zur militärischen Geschichte Potsdams gehören auch 50 Jahre als Garnisonsstadt der Sowjetarmee. Ein gefürchteter Ort des Kalten Kriegs war das ummauerte **Militärstädtchen Nr. 7** in der Nauener Vorstadt. In über 100 Gebäuden hatte hier nach Ende des Zweiten Weltkriegs der sowjetische Geheimdienst Quartier bezogen. Im Domizil der Kaiserin-Augusta-Stiftung am Neuen Garten etwa saß das Hauptquartier des sowjetischen Geheimdienstes für die Spionageabwehr in Deutschland. Zu dem Komplex gehörte auch ein Untersuchungsgefängnis, für das ein Pfarrhaus in der Leistikowstraße beschlagnahmt wurde.

Die 2009 eröffnete Gedenk- und Begegnungsstätte Leistikowstraße erinnert an das leidvolle Schicksal der Inhaftierten und die grausamen Repressalien der Geheimdienste. Das Gefängnis, in dem bis 1955 auch viele Deutsche, danach nur noch Sowjetbürger verhört und misshandelt wurden, ist heute als authentischer Schauplatz des Kalten Kriegs zu besichtigen.

1994 zogen die russischen Truppen aus Potsdam ab, und die „verbotene Stadt" konnte ab April 1995 wieder von jedermann betreten werden. Ein Geschichtspfad führt durch das heute friedvolle Villenviertel. Entlang der Großen Weinmeisterstraße und Am Neuen Garten sind zahlreiche Spuren der Nachkriegszeit zu finden, auf die 14 Informationstafeln aufmerksam machen.

Leistikowstraße 1
Tel. 201 15 40

▷ Tram 92, 96 Puschkinallee,
  Bus 603 Persiusstraße

Mahnmal: Ehemaliges Gefängnis des KGB in der Leistikowstraße (rechts)

Zeugnis der Vergangenheit: Sanitäranlagen im Gefängnis

Informativ: Geschichtspfad durch das einstige Militärstädtchen Nr. 7

Erinnert an leidvolle Schicksale: Die Gedenkstätte Leistikowstraße

(Im Uhrzeigersinn von links oben)

# Glienicke, Schloss und Park

Das Schloss Glienicke mitsamt dem Glienicker Park liegt zwar im benachbarten Berlin, ist aber ein Teil der Potsdamer Kulturlandschaft. Das Anwesen am Jungfernsee entstand für Prinz Carl (1801–83), den dritten Sohn von König Friedrich Wilhelm III. und Königin Luise. Die preußischen Koryphäen Karl Friedrich Schinkel und Peter Joseph Lenné schufen ein Gesamtkunstwerk von bestechender Schönheit.
Architekt Schinkel baute für den Prinzen 1825 bis 1827 am Rande von → **Klein Glienicke** ein ehemaliges Gutshaus des verstorbenen Staatskanzlers Karl August Fürst von Hardenberg um. Die Szenerie vor dem Schloss, das einer italienischen Villa gleicht, beherrscht die prachtvolle Löwenfontäne, die 1838 errichtet wurde. Vom **Casino** am Ufer der Havel hat man einen herrlichen Blick über den Jungfernsee. Zu den originellen Schöpfungen Schinkels gehört auch die **Große Neugierde**, eine Rotunde, die 1835 im griechisch-antiken Stil als Aussichtspunkt erbaut wurde.
Den Garten am Schloss gestaltete Lenné im englischen Stil als Pleasureground, in dem zahlreiche antike und zeitgenössische Kunstwerke malerisch gruppiert sind.
Die **Glienicker Brücke** verbindet den Schlosspark mit Potsdam. Im Kalten Krieg tauschten auf ihr die USA und die UdSSR gefangene Spione aus.

Königstraße 36
14109 Berlin
Tel. 969 42 00

▷ Tram 93 Glienicker Brücke,
  Bus 316 Schloss Glienicke

Mediterranes Ambiente:
Löwenfontäne vor dem
Schloss Glienicke

Wie das Schloss von Schinkel
erbaut: Das Casino im Glienicker Park

Verbindet Potsdam und
Berlin: Die Glienicker Brücke

Aussichtspunkt in klassizis-
tischem Stil: Die Große
Neugierde

(Im Uhrzeigersinn von oben)

# Haus der Brandenburgisch-Preußischen Geschichte

Potsdam ist Hauptstadt eines Landes mit bewegter Vergangenheit: Fast 900 Jahre existiert Brandenburg mittlerweile. Im Jahr 1157 wurde Albrecht der Bär zum Markgrafen des Landstrichs im Osten des Deutschen Reiches ernannt. Das Haus der Brandenburgisch-Preußischen Geschichte zeichnet die wechselvolle Entwicklung der Region vom Mittelalter über die große Zeit Preußens unter den Hohenzollern bis zum späten 20. Jahrhundert nach.

Zu den Exponaten der Dauerausstellung gehört der Sattel des Kurfürsten Joachim II. (1505–71), der sich zum reformierten Christentum Luthers bekannte. Zu sehen ist ferner die Totenmaske der populären Preußenkönigin Luise, die 1810 im Alter von nur 34 Jahren verstarb. Ein großes Stadtmodell zeigt Potsdam im Jahre 1912. Sehr informativ ist auch die Sammlung, die sich mit den 1920er-Jahren beschäftigt, in denen die Berliner Potsdam als nahes Ausflugsziel entdeckten.

Das Haus der Brandenburgisch-Preußischen Geschichte befindet sich im ehemaligen Königlichen Kutschstall, der 1787–90 erbaut wurde. Bis 1918 waren in dem Komplex am **Neuen Markt** Kutschpferde der Krone untergebracht. Eindrucksvoll ist die Figurengruppe über dem Eingangsportal: Der Vierspänner wird vom einstigen Leibkutscher Friedrichs des Großen gelenkt.

Am Neuen Markt 9
Tel. 620 85 50

▷ Tram 91, 92, 93, 96, 99
  Alter Markt / Landtag

Stadtmodell im Haus der
Brandenburgisch-Preußischen
Geschichte: Potsdam 1912

Thront über dem Eingang:
Vierspänner mit Friedrichs
Leibkutscher Pfund

Umweltfreundlich: Kutsche aus
der großen Zeit Preußens

Im ehemaligen Königlichen
Kutschstall: Museum zur
Geschichte Brandenburgs

(Im Uhrzeigersinn von links oben)

# Havel

Die Hauptstadt Brandenburgs ist ringsum von Gewässern umgeben, weshalb von der „Insel Potsdam" gesprochen wird. Grund ist der Verlauf der Havel, die in Nord-Süd-Richtung durch den historischen Stadtkern fließt, bevor sie südlich des Stadtgebiets einen Bogen Richtung Norden beschreibt. Hinzu kommt der Sacrow-Paretz-Kanal, der an der nördlichen Stadtgrenze den kurvigen Wasserweg der Havel abkürzt. Der in die Elbe mündende längste Fluss Brandenburgs bildet in Potsdam eine Kette von Havelseen: Jungfernsee, Tiefer See, Templiner See und Schwielowsee. Auf dem Stadtgebiet befinden sich zudem der Heilige See, der Bornsteder, der Sacrower und der Griebnitzsee.
Die hohe Anzahl an Gewässern steigert nicht nur die Lebensqualität für Potsdamer und Potsdam-Besucher, sie gibt auch dem Wassersport einen hohen Stellenwert. Potsdams Ruderer und Kanuten gehören seit Jahrzehnten zu den besten Athleten der Welt.
Der Wasserreichtum hat auch im historischen Stadtkern seine Spuren hinterlassen. Die zentralen Grünflächen Bassinplatz, Platz der Einheit und Plantage entstanden, weil dort der morastige Untergrund den Hausbau verhinderte.
Mit Ausflugsschiffen der „Weissen Flotte" kann man Potsdam von seiner schönsten Seite her erkunden: vom Wasser.

**Weisse Flotte Potsdam**
Lange Brücke 6
Tel. 275 92 10

▷ Tram 91, 92, 93, 96, 99
  Lange Brücke / Alter Markt

Mit Flatowturm: Die Havel am Park Babelsberg

Vom Wasser her Potsdam entdecken: Ausflugsdampfer auf der Havel

Wo Boote zum Stadtbild gehören: Wasserparadies Potsdam

Sorgt für frischen Fisch auf dem Tisch: Havelangler

(Im Uhrzeigersinn von links oben)

# Holländisches Viertel

Wohnen wie in den Niederlanden – mit dieser originellen Idee wollte Soldatenkönig Friedrich Wilhelm I. (1688–1740) gut ausgebildete Fachleute aus Holland nach Potsdam locken. 1732 gab er deshalb den Befehl, ein Quartier im holländischen Stil zu bauen. Bis 1742 entstanden beiderseits der heutigen Mittel- und Benkertstraße 134 Backsteinhäuser mit rückseitigen Gärten. Die Bauleitung hatte der aus Holland stammende Baumeister Jan Bouman d. Ä. Seinen Zweck erfüllte „Klein-Amsterdam" jedoch kaum: Aus dem reichen Nachbarland kamen nur wenige der begehrten Handwerker.

In dem sympathischen Stadtviertel aus vier Karrees gibt es heute viele stilvolle Lokale und exklusive Läden. Das **Jan Bouman Haus** ist ein typisches Giebelhaus von 1735, das besichtigt werden kann. Dort gewinnt man einen Einblick in die Alltagskultur des 18. Jahrhunderts und wird über die Geschichte des einzigartigen Bauensembles informiert. Zu der gehört auch ein berühmter preußischer Aufschneider: In der Mittelstraße 3 erwarb 1906 der „Hauptmann von Köpenick", Schuster Wilhelm Voigt, die Uniform, in der er den Bürgermeister Köpenicks verhaftete und die Stadtkasse beschlagnahmte. Außergewöhnlich wirkt das **Nauener Tor** am Rande des Holländischen Viertels. Nach einer Skizze Friedrichs II. 1755 durch den Hofbaumeister Johann Gottfried Büring errichtet, ist es das erste neogotische Bauwerk Preußens. 1867 erhielt das Tor seine spitzbogige Durchfahrt.

**Jan Bouman Haus**
Mittelstraße 8
Tel. 280 37 73

▷ Tram 92, 96, Bus 604, 609, 638
Nauener Tor

*In Reih und Glied: Backsteingiebel im Holländischen Viertel*

*Am Rande von Klein-Amsterdam: Das Nauener Tor*

*Aus der Luft: Nauener Tor und Holländer-Quartier (rechts)*

*Spartanisch eingerichtet: Originale Kochnische im Jan Bouman Haus*

*(Im Uhrzeigersinn von links oben)*

# Jagdschloss Stern

Das Jagdschloss Stern am östlichen Stadtrand ist das kleinste aller Potsdamer Schlösser. Es ist zugleich das einzige Schloss, das der sparsame König Friedrich Wilhelm I. (1688–1740) in seinen immerhin 27 Regierungsjahren errichten ließ.

Das bescheidene Backsteinhaus weist auf eine große Leidenschaft des Soldatenkönigs hin: die Jagd. Wo heute besiedeltes Gebiet ist, erstreckte sich vor 300 Jahren die waldreiche Parforceheide. Rund 100 Quadratkilometer hatte der Regent als Jagdrevier einhegen lassen. Zum Zwecke der beliebten Hetzjagd (oder Parforcejagd) durchzogen Schneisen strahlenförmig den Forst und mündeten an einem zentralen Sammelplatz.

An diesem abgeschiedenen Jagdstern entstand 1730–32 für den König das Schloss im Stil eines holländischen Reihenhauses. Das Bauwerk des Architekten Pierre de Gayette war damit auch ein Musterhaus für das im Potsdamer Stadtgebiet geplante → **Holländische Viertel**.

Im barocken Saal des Hauses stellte der König die abgeworfenen Geweihe seiner Lieblingshirsche zur Schau. Die schlichte Ausstattung der königlichen Gemächer entspricht dem resoluten Charakter Friedrich Wilhelms I., der eine spartanisch-rustikale Lebensführung bevorzugte.

Jagdhausstraße 32
Tel. 58 29 11 37

▷ Tram 92, 96 Gaußstraße

*Kleinster Hohenzollern-Palast: Das Jagdschloss Stern des Soldaten-königs*

*Sorgte für das leibliche Wohl der Gäste: Schlossküche*

*Bot königlichen Jagdgesellschaften Platz: Der Große Saal*

*Erinnert an die Jagdleidenschaft von Friedrich Wilhelm I.: Hirsch-trophäe*

*(Im Uhrzeigersinn von links oben)*

# Kaiserbahnhof

Kaiser Wilhelm II. (1859–1941) galt als rast-
loser „Reisekaiser". In eigens für ihn angefertig-
ten Hofzügen war er mehr als die Hälfte des
Jahres im Deutschen Reich und im Ausland
unterwegs. 199 Reisetage zählten Chronisten
allein für das Jahr 1894.

Wilhelm II. residierte sommers im → **Neuen
Palais** und nutzte daher den nahen Eisenbahn-
halt Wildpark, der heute Potsdam Park Sanssouci heißt. 1909 bekam Seine Majestät hier
eine 90 Meter lange separate Bahnsteighalle
für das „Kaisergleis". Hofarchitekt Ernst Eber-
hard von Ihne gestaltete die Kaiserliche Hof-
station im englischen Cottage-Stil.

Als erster Staatsgast traf US-Präsident Theodor
Roosevelt am Kaiserbahnhof ein. Dem russischen Zar Nikolaus II. wurde im November 1910
ein großer Empfang bereitet. Nach der Novemberrevolution und dem Ende der Monarchie im
Jahre 1918 brachen von hier 59 Güterwaggons
ins holländische Exil des Kaiserpaars auf, um
dessen Besitz nach Doorn zu transportieren.

Am 19. April 1921 kam der Sarg der verstorbenen Kaiserin Auguste Viktoria, die im Antikentempel nahe dem Neuen Palais beigesetzt
wurde, am Bahnhof an. 200 000 Schaulustige
folgten dem Trauerzug.

Seit Mai 2005 nutzt die Deutsche Bahn Akade-
mie den Kaiserbahnhof. Am Gleis 1 ist einer
von insgesamt 30 kaiserlichen Hofwagen zu
sehen.

Am Neuen Palais 1
Bahnhof Park Sanssouci

▷ RE1, Bus 605, 610, X5
  Bhf. Park Sanssouci

# Kiezstraße

Die Kiezstraße gehört zu den ältesten Orten der Stadt, an denen noch friderizianisches Flair zu verspüren ist. Der Kiez entstand im 13. Jahrhundert als slawische Fischersiedlung und wurde erst 1722 nach Potsdam eingemeindet. Friedrich II. (1712–86) veranlasste die Neubebauung der heutigen Kiezstraße. Die Architekten Georg Christian Unger und Rudolf Heinrich Richter schmückten die Fassaden der Wohnhäuser mit feinen Rokoko-Ornamenten.

Mitte des 19. Jahrhunderts bepflanzte man die Mittelpromenade mit Rosskastanien. Aus derselben Zeit stammt das ehemalige Haus der **Loge Minerva** (Kiezstraße 10). Gegründet wurde der Männerbund, in dem sich vor allem Angehörige des Hofstaates und des Adels trafen, 1768 nach dem Siebenjährigen Krieg.

Die **Breite Straße**, die den Kiez nördlich begrenzt, war einst Potsdams Prachtstraße. Auf Wunsch Friedrichs II. wurden die Bürgerhäuser mit aufwendigen Fassaden geschmückt. Besonders extravagant gerieten die **Hiller-Brandtschen Häuser** von 1769. Für dieses Doppelhaus an der Ecke Dortustraße nahm Unger einen Entwurf des englischen Baumeisters Inigo Jones von 1619 für das Londoner Schloss Whitehall zum Vorbild. Schräg gegenüber befindet sich das einstige Ständehaus der Zauche von 1770, in dem sich die Landräte versammelten, heute Domizil des **Naturkundemuseums**.

**Naturkundemuseum**
Breite Straße 13
Tel. 289 67 07

▷ Bus 695 Naturkundemuseum

Feinster Fassadenschmuck: Rokoko-Dekor
in der Kiezstraße

Extravagante Front: Die Hiller-Brandtschen
Häuser in der Breiten Straße

Lädt zum Flanieren ein: Die Mittelpromenade
der Kiezstraße

Einstiges Ständehaus: Naturkundemuseum
in der Breiten Straße

(Im Uhrzeigersinn von links oben)

# Klein Glienicke

Wer in Potsdam einen Abstecher in die Schweiz machen möchte, hat es nicht weit. Es genügt der Besuch des Ortsteils Klein Glienicke. Dort säumen die im Stil Tiroler Bauernhäuser errichteten **Schweizerhäuser** den Bäkekanal. Die Idee für dieses verträumte Alpenpanorama hatte Prinz Carl von Preußen (1801–83). Ein alpines Dorf sollte eine Verbindung schaffen zwischen seinem „italienischen" Schloss Glienicke und dem „nordischen" Schloss Babelsberg seines Bruders Wilhelm. Ferdinand von Arnim errichtete 1863–66 zehn reich verzierte Wohnhäuser, deren Holzwände nur vorgetäuscht sind: Sie sind in Wahrheit gemauert.

Als Klein Glienicke während der deutschen Teilung 1961–89 als „Blinddarm der DDR" in den West-Berliner Bezirk Zehlendorf hineinragte und fast vollständig von der Berliner Mauer umgeben war, wurden etliche Alpenhäuser dem Erdboden gleichgemacht.

Ein architektonisches Kleinod ist die **Kapelle** des idyllischen Orts. Das 1880/81 von Reinhold Persius erbaute Kirchlein verzückt durch seine liebevoll-pittoreske Gestaltung aus roten und grün lasierten Backsteinen.

Sehenswert ist auch das auf Berliner Gebiet liegende **Jagdschloss Glienicke** am westlichen Ortsrand, das 1682–93 für den Großen Kurfürsten errichtet und unter Prinz Carl 1860–62 in barockisierenden Formen umgebaut wurde.

**Klein Glienicker Kapelle**
Wilhelm-Leuschner Straße 1a
Tel. 70 57 94

▷ Bus 316 Schloss Glienicke,
  Bus 616 Schloss Babelsberg

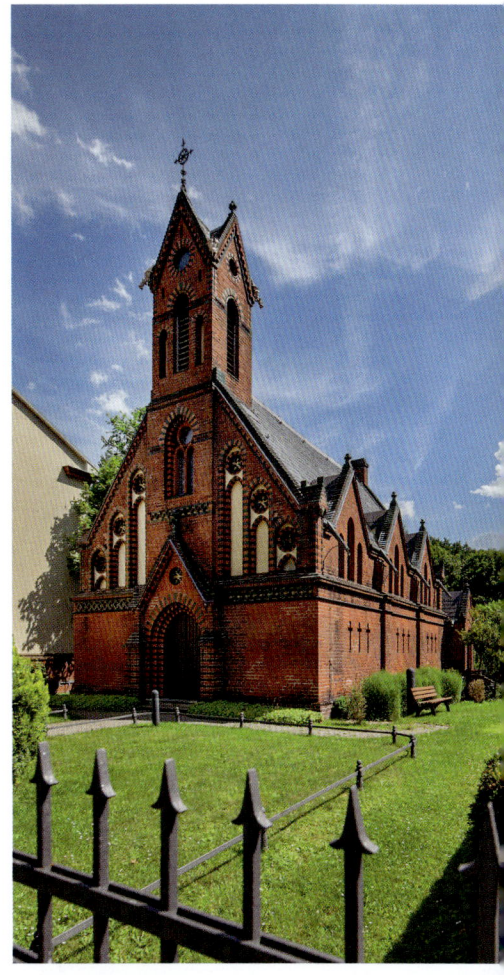

*Alpenländisches Idyll: Schweizerhaus in Klein Glienicke*

*Pittoresk: Die kleine Kapelle aus dem 19. Jahrhundert*

*1863–66 erbaut: Tiroler Bauernhaus auf preußischem Boden*

*Palast für Prinz Carl: Das Jagdschloss Glienicke*

*(Im Uhrzeigersinn von links oben)*

# Krongut Bornstedt

Das Krongut Bornstedt erhielt seine heutige
Gestalt im Rahmen eines großflächigen Ver-
schönerungsplans, den der königliche Gartendirektor Peter Joseph Lenné 1833 für die
Umgebung Potsdams entwarf. Das nördlich
von Sanssouci gelegene ehemalige Rittergut
kam 1841 in den Besitz der Monarchie und
wurde 1846–48 im italienischen Stil umgestaltet. Das vom preußischen Hofbaurat Johann
Heinrich Haeberlin entworfene Ensemble mit
Herrenhaus diente als Mustergut der preußischen Landwirtschaft. Heute ist es ein beliebtes
Ausflugsziel mit noblen Restaurants, einer
Brauerei, Hoffesten, Konzerten, Märkten und
dem **Potsdamer Zinnfiguren Museum**. Einmal
im Monat exerzieren auf dem Hof die „Langen
Kerls", Soldaten einer berühmten königlichen
Leibgarde.

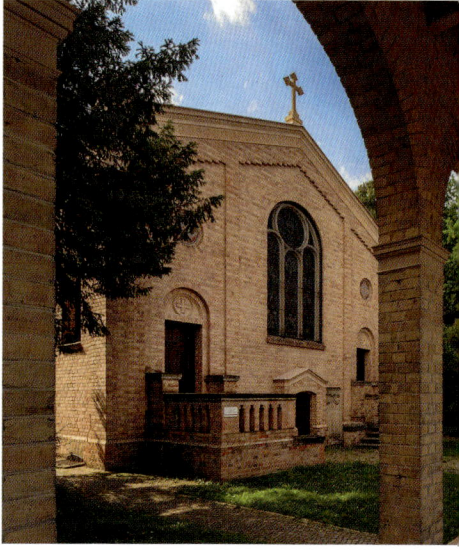

Gegenüber dem Krongut befindet sich die
1855/56 von Baumeister Friedrich August
Stüler in italienisierenden Formen gestaltete
**Dorfkirche Bornstedt**. Auf dem dazugehörigen
Friedhof sind viele Persönlichkeiten des preußischen Adels und des Bürgertums bestattet.
Der eingefriedete **Sello-Friedhof** ist unter ande-
rem Ruhestätte des Hofgärtners Emil Sello
(1816–93), der 1875 den Garten des Gutes
gestaltete, des grandiosen Landschaftsplaners
Lenné (1789–1866), der ab 1816 für ein hal-
bes Jahrhundert in Potsdam tätig war, und des
Architekten Ludwig Persius (1803–45).

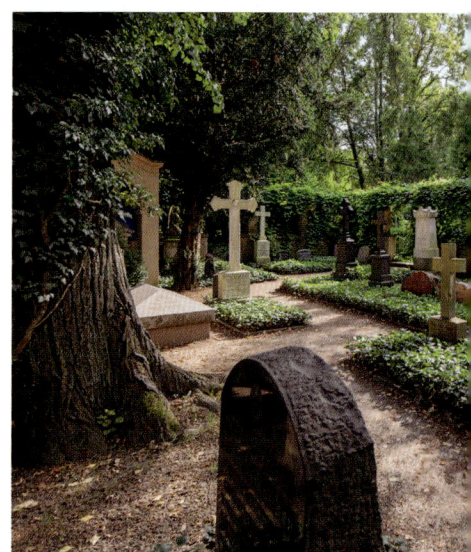

Ribbeckstraße 6–7
Tel. 55 06 50

▷ Tram 92 Kirschallee,
   Bus 614, 650 Ribbeckstraße

*Beherbergt gastliche Lokale und Brauereien: Das Krongut Bornstedt*

*Erinnert an die Toskana: Der markante Turm des Kronguts*

*Ruhestätte berühmter Preußen: Der Sello-Friedhof*

*Werk Stülers: Bornstedter Dorfkirche*

*(Im Uhrzeigersinn von links oben)*

# Lindenstraße

In Potsdam stehen prächtige Fassaden nicht immer für die Glanzpunkte der Geschichte, sondern bisweilen auch für deren Schattenseiten. Mehrere Beispiele dafür finden sich in der Lindenstraße. Das **Große Militärwaisenhaus** an der Ecke Breite Straße ließ König Friedrich Wilhelm I. 1722–24 als Fürsorgeeinrichtung für Kinder gefallener, verstorbener oder verarmter Soldaten errichten. Friedrich II. ließ das Haus 1771–78 nach Plänen von Carl von Gontard beinahe palastartig ausbauen. Die zahlreichen Feldzüge Friedrichs während des Siebenjährigen Kriegs hatten es notwendig gemacht, dass Platz für bis zu 2500 Kriegswaisen geschaffen wurde.

Zur gleichen Zeit entstand nahebei, in der Lindenstraße 25, das stilvoll dekorierte **Lazarett für das Regiment Leibgarde** durch Georg Christian Unger. Auf dem Weg dorthin säumen friderizianische **Kasernenhäuser** die Lindenstraße. In diesen barocken „Kasernements" lebten ursprünglich verheiratete Soldaten.

Die **Alte Wache** an der Ecke Lindenstraße ⁄ Charlottenstraße „schenkte" Friedrich Wilhelm II. seinem einstigen Regiment „Prinz von Preußen". Das klassizistische Bauwerk von 1797 ersetzte ein Tor aus der Zeit des Soldatenkönigs Friedrich Wilhelm I., der Potsdam zur Verhinderung von Schmuggel und Fahnenflucht mit einer Mauer umbaut hatte. Die Alte Wache diente auch als Gefängnis.

**Gedenkstätte Lindenstraße**
Lindenstraße 54
Tel. 971 89 000

▷ Tram 91, 94 Dortustraße,
  Bus 692, 695 Mauerstraße

*Größter Gebäudekomplex des alten Potsdam: Das Militärwaisenhaus*

*Heute als Wohnhaus genutzt: Lazarett in der Lindenstraße*

*Potsdams ältestes Stadttor: Das Jägertor*

*Aus der Zeit Friedrich Wilhelms II.: Alte Wache in der Charlottenstraße*

*(Im Uhrzeigersinn von links oben)*

Ein politisches Gefängnis verbarg sich lange Zeit hinter der repräsentativen Fassade des Großen Holländischen Hauses in der Lindenstraße 54/55. 1733–37 unter dem Soldatenkönig als Stadtpalais für den Kommandeur des Leibregiments erbaut, diente der Bau in der Zeit des Nationalsozialismus als Untersuchungsgefängnis für Regimegegner. In gleicher Funktion wurde er nach dem Krieg vom sowjetischen Geheimdienst und ab 1953 vom Ministerium für Staatssicherheit der DDR (Stasi) genutzt. Heute befindet sich hier die **Gedenkstätte Lindenstraße**, in der an die politische Verfolgung in der NS- und der DDR-Zeit erinnert wird.

Das 1733 errichtete **Jägertor** am nördlichen Ende der Lindenstraße ist das älteste erhaltene Stadttor Potsdams. Es war Teil der Akzisemauer, die den Warenschmuggel und die Desertion von Soldaten verhindern sollte. Der barocke Figurenschmuck des Jägertors stellt die Parforcejagd wie auch den militärischen Zweck des Baus dar.

Erinnert an die politische Verfolgung in zwei Diktaturen: Gedenkstätte Linden-straße

„Lindenhotel" genannt: Zellentrakt im Untersuchungsgefängnis

Diente ab 1817 als Haftanstalt: Gebäudekomplex in der Lindenstraße

Verborgen hinter der schönen Fassade eines Stadtpalais: Kerker für Regimegegner

Vergitterte Welt: Außenzelle des Gefäng-nisses

(Im Uhrzeigersinn von links oben)

# Marmorpalais und Neuer Garten

Der **Neue Garten** mit dem Marmorpalais war das private Reich König Friedrich Wilhelms II. (1744–97). Der Neffe und Thronfolger Friedrichs II. war vor allem als lebensfroher Frauenheld bekannt. Seine Liaison mit seiner ersten Liebe und Mätresse, der schönen Wilhelmine Encke (1753–1820), ist legendär.

Geschmack zeigte der zügellose Monarch aber auch im Bereich der Baukunst. So verhalf er bei der Realisierung seines Refugiums am Heiligen See neuen architektonischen Stilrichtungen in Preußen zum Durchbruch. Beim Bau des Marmorpalais ab 1787 vertraute der König nicht nur der Erfahrung des Barockarchitekten Carl von Gontard, sondern berief gleichzeitig Carl Gotthard Langhans, einen Wegbereiter des Klassizismus, der zur selben Zeit das Brandenburger Tor in Berlin errichtete.

Die üppige Verwendung von schlesischem Marmor an der frühklassizistischen Fassade verlieh dem Sommerschloss seinen Namen. Das Belvedere auf dem Dach, von dem aus sich das Schloss auf der in Ruderweite gelegenen Pfaueninsel bestaunen lässt, erinnert an das Alte Rathaus. Ab 1797 wurden dem Hauptbau zwei niedrige Seitenflügel hinzugefügt.

Die reizvolle Lage des Marmorpalais am Seeufer entsprach einer neuen Gestaltungsidee für fürstliche Parkanlagen. Im Neuen Garten schuf der innovative Gartenarchitekt Johann August Eyserbeck ein „poetisches Landschaftsbild"

Im Neuen Garten 10
Tel. 969 42 00

▷ Bus 603 Am Neuen Garten/ Große Weinmeisterstraße oder Glumestraße

*Einer der prächtigsten Räume im Marmorpalais: Der Ovale Saal*

*Exotisch: Das Orientalische Kabinett*

*Gediegen: Konzert- und Festsaal an der Seefront des Schlosses*

*Traumhaft gelegen: Das Marmorpalais am Ufer des Heiligen Sees*

*(Im Uhrzeigersinn von links oben)*

Enthielt die königliche Sammlung klassischer Literatur: Gotische Bibliothek

Im Neuen Garten: Das frühklassizistische Palais von Friedrich Wilhelm II.

In Form einer Pyramide: Eiskeller

Nur scheinbar eine Ruine: Schlossküche

Hinter blumenreichen Gartenparterres: Die Orangerie

(Im Uhrzeigersinn von links oben)

nach englischem Vorbild. Das zweitgrößte Parkgelände Potsdams besitzt stimmungsvolle Szenerien mit Bauten, die ihren eigentlichen Zweck verbargen und teils die Zugehörigkeit des Königs zu einer Geheimloge der Freimaurer widerspiegeln: Die **Pyramide** war ein Eiskeller, die römische **Tempelruine** am Seeufer war in Wahrheit eine Küche, die **Orangerie** mit ägyptischem Dekor war zugleich Konzertsaal. Herausragend ist die von Langhans entworfene **Gotische Bibliothek** (1792–94) an der Südspitze des Parks, die auf zwei Stockwerken die Büchersammlung Friedrich Wilhelms II. barg – darunter wichtige Werke der von seinem Onkel geschmähten deutschen Literatur.

Der Neffe Friedrichs des Großen verstarb 1797 in seinem Marmorpalais. 20 Jahre später frischte Peter Joseph Lenné das Gartenkunstwerk auf. Wiederum über 100 Jahre danach entstand im Neuen Garten das letzte Schloss der Hohenzollern, → **Cecilienhof**.

# Matrosenstation Kongsnæs

Der Jungfernsee ist zwar kein norwegischer Fjord, bietet jedoch den Anblick eines prachtvollen Blockhauses im norwegischen Stil. Die Attraktion ist Kaiser Wilhelm II. zu verdanken, der leidenschaftlich gerne segelte. An der Anlegestelle nahe dem **Neuen Garten**, von wo aus er zu Ausflügen auf der Havel aufbrach, ließ er 1891–95 ein Gebäudeensemble aus einer Empfangshalle, einem langen Bootsschuppen und mehreren Wohnhäusern für die Matrosen und den Stationsleiter errichten. Die Anlage erhielt den Namen „Kongsnæs", königliche Landzunge.

Auf seinen Norwegenreisen hatte Wilhelm II. Gefallen an den landesüblichen Holzbauten mit ihren kunstfertigen Schnitzereien gefunden. Die typischen Drachenköpfe an den Dachfirsten zierten bereits im Mittelalter die nordischen Häuser. Das Kaiserhaus beauftragte einen Spezialisten auf dem Gebiet altnorwegischer Baukunst, den Architekten Holm Hansen Munthe, mit dem Bau der Station. Die 1893–95 errichtete Empfangs- und Wartehalle, norwegische „Ventehalle" genannt, brannte am Ende des Zweiten Weltkriegs nieder und wurde in den Jahren 2010–18 auf Privatinitiative hin wieder rekonstruiert. Sie beherbergt heute ein Restaurant. Drei alte Wohnhäuser sind im Original erhalten, der Torbogen ist ein originalgetreuer Nachbau.

**Kongsnæs Restaurant und Bar**
Schwanenallee 7
Tel. 20 04 76 66

▷ Tram 93, Bus 316
  Glienicker Brücke

*Zurückgekehrt: Das kunstvolle Blockhaus entstand einst auf Wunsch von Kaiser Wilhelm II.*

*Kongsnæs: Auf dem Holzportal steht der norwegische Name des Hauses*

*Traumhafter Blick: Vor dem halboffenen Holzhaus liegt der Jungfernsee*

*Skandinavische Kunstfertigkeit: Detail in der rekonstruierten Ventehalle*

*(Im Uhrzeigersinn von links oben)*

# Medienstadt Babelsberg

Mehr als 100 Jahre Filmgeschichte hat die Babelsberger Traumfabrik geschrieben: von den Glanzzeiten der UFA über die cineastischen Leistungen der DEFA bis hin zum heute weltweit gefragten Studio Babelsberg. Unzählige Kinoklassiker entstanden hier im Osten Potsdams. Der erste Film wurde im Februar 1912 gedreht, 1921 stieg die UFA in Babelsberg ein, und fünf Jahre später baute sie die größte Studiohalle Europas – die heutige **Marlene-Dietrich-Halle**.

Nachdem die glamouröse Filmstadt seit 1933 zwölf Jahre lang im Dienst der NS-Propaganda gestanden hatte, übernahm 1946 die staatliche DEFA das Gelände, bis 1989 entstanden über 1300 Spiel- und Fernsehfilme. Seit der Jahrtausendwende geben sich im größten Studiokomplex Europas nun auch Hollywoodstars die Klinke in die Hand.

Ein Publikumsmagnet ist der **Filmpark Babelsberg** mit 4D- und XD-Kino. Hier können die Besucher hinter Originalkulissen schauen und spektakuläre Stuntshows bewundern.

**Filmpark Babelsberg**
Großbeerenstraße 200
Tel. 72 128 50

▷ Bus 601, 618, 619, 690
  Filmpark

Schrieb als UFA und DEFA Filmgeschichte: Das Studio Babelsberg

Aus „Jim Knopf und der Lokomotivführer": Kulisse im Filmpark Babelsberg

Tierisches Vergnügen: Hund vor der Kamera

Begeistern das Publikum: Stunt-shows im Filmpark

(Im Uhrzeigersinn von links oben)

# Minsk, Das

Potsdams neuester Kunsttempel hat im September 2022 seine Pforten geöffnet: Das Minsk Kunsthaus stellt Werke der DDR neben zeitgenössische Kunst. Erklärtes Ziel ist es, auf die künstlerische Vielfalt in der DDR jenseits des staatlichen Kulturbetriebs aufmerksam zu machen.

Das markante Gebäude wurde 1971–77 als „Nationalitätenrestaurant" errichtet. Die großzügige Terrassenanlage auf dem **Brauhausberg** mit gläserner Fensterfront und ausladender Wendeltreppe im Inneren avancierte schnell zu einem beliebten Anlaufpunkt der Potsdamer. Seinen Namen verdankt es einer Partnerschaft zwischen Potsdam und Minsk, der Hauptstadt der damaligen weißrussischen Sowjetrepublik, des heutigen Belarus. 2000 wurde der Restaurantbetrieb eingestellt, das Gebäude verfiel zunehmend, der Abriss drohte. 2019 kaufte der Unternehmer, Kunstsammler und Mäzen Hasso Plattner den Komplex – und bescherte so der Stadt Potsdam nach dem 2017 eröffneten Museum → **Barberini** ein zweites Ausstellungshaus von internationaler Ausstrahlung.

Auch ohne den Eintritt ins Museum lohnt der Besuch – von der Terrasse aus kann man bei einem Kaffee die Aussicht Richtung Havel und Altstadt genießen. Noch schöner ist der Blick vom wenige Fußminuten entfernten Aussichtspunkt „Kaiser Wilhelm Blick".

*„Maskenmann": Wolfgang Mattheuers Plastik blickt von der Terrasse aus auf Potsdam*

*Beherbergte früher ein Restaurant: Die Terrassenanlage auf dem Brauhausberg*

*In neuem Design: Der Tresen der Cafébar steht an Originalstelle*

*Die ausladende Wendeltreppe im Kunsthaus: Original aus den 1970ern*

*(Im Uhrzeigersinn von links oben)*

Max-Planck-Straße 17
Tel. 236 014 699

▷ Bus 694 Schwimmhalle am Brauhausberg, diverse Linien Potsdam Hbf.

# Neuer Markt

Am Neuen Markt ist das historische Stadtbild aus der friderizianischen Epoche nahezu unbeschadet erhalten geblieben. Um das harmonische Ensemble der barocken Bürgerhäuser nicht zu beeinträchtigen, bekam die einzige Kriegslücke am Platz die überlieferte Fassade von 1754. Hinter der historisch gestalteten Front des 1945 zerstörten **Bürgerpalais** (Am Neuen Markt 5) ist der Neubau erkennbar. Prominentester Anwohner des Neuen Markts war der Neffe und Thronfolger Friedrichs II., der spätere König Friedrich Wilhelm II. (1744–97). Von 1764 bis zu seiner Thronbesteigung 1786 wohnte der Prinz im Palais Am Neuen Markt 1. Das **Kronprinzenpalais**, auch Kabinettshaus genannt, war zudem Geburtsort eines weiteren Thronfolgers: 1770 erblickte hier der spätere König Friedrich Wilhelm III. das Licht der Welt. Wegen der Nähe zum Stadtschloss befand sich am Neuen Markt seit 1714 der **Königliche Kutschstall**. Der Komplex am Neuen Markt 9 erhielt 1787–89 seine frühklassizistische Fassade. In dem Stallgebäude befindet sich heute das → **Haus der Brandenburgisch-Preußischen Geschichte**.
In der Platzmitte kam 1836 als letztes Bauwerk die **Ratswaage** hinzu. Die erhaltene Wiegeplatte im Kopfsteinpflaster wurde noch bis in die 1970er-Jahre genutzt.

**Am Neuen Markt**

▷ Tram 91, 93, 94, 96, 99
Platz der Einheit / Bildungsforum

Inbegriff des alten Potsdam: Der Neue Markt mit der Ratswaage

Kinderstube zweier Thronfolger: Das Kronprinzenpalais

Versteckt einen Neubau: Fassade des Bürgerpalais

(Im Uhrzeigersinn von oben)

# Neues Palais

Die großartigste Schlossanlage Preußens liegt nicht in einem städtischen Umfeld, sondern gleichsam in abgeschiedener Natur, am Westrand des Parks → **Sanssouci**. Dabei wollte Friedrich II. (1712–86) mit dem Bau des Neuen Palais aller Welt demonstrieren, dass Preußen durch den Siebenjährigen Krieg (1756–63) zur Großmacht in Europa aufgerückt war. Zusammen mit den monumental gestalteten Communs bildet das Neue Palais ein majestätisches Ensemble, das dem Vergleich mit Schloss Versailles in Paris oder Schloss Schönbrunn in Wien standhält.

Die Communs enthielten Wirtschaftsräume und Unterkünfte für Dienerschaft und Gäste und beherbergen heute einige Institute sowie einen Teil der Verwaltung der Universität Potsdam.

Das maßgeblich unter Baumeister Carl von Gontard 1763–69 errichtete Neue Palais diente zuerst als Gästehaus, in dem es auch Wohnungen für die königliche Familie gab. Friedrich der Große nutzte den niedrigen Nebentrakt im Süden.

Die Schlosssäle überwältigen durch einen höfischen Glanz, den der König selbst als „Prahlerei" bezeichnete. Den Höhepunkt bildet der Marmorsaal, der eindrucksvollste noch erhaltene Festsaal aller Hohenzollern-Schlösser. Einzigartig ist auch der Grottensaal, dessen maritimer Dekor aus 250 000 Muscheln besteht.

---

Am Neuen Palais
Tel. 969 42 00

▷ Bus 605, 697, X5, X15
Neues Palais,
RE1 Bhf. Park Sanssouci

*Wirken mäjestätisch: Die Communs gegenüber dem Neuen Palais*

*Prachtvolles Entree zum Marmorsaal: Die Marmorgalerie*

*Mit barockem Prunk: Der Marmorsaal*

*Sollte die neue Macht Preußens demonstrieren: Das Neue Palais*

*(Im Uhrzeigersinn von links oben)*

Eine Rarität ist der Saal des königlichen **Schlosstheaters**, in dem heute wieder Aufführungen stattfinden. Die Gemächer Friedrichs II. sind Meisterwerke des friderizianischen Rokoko.

Das Neue Palais war der Geburtsort der beiden letzten Preußenkönige und zugleich deutschen Kaiser: Friedrich III. (1831–88) und Wilhelm II. (1859–1941). Nach nur drei Monaten Regierungszeit verstarb Friedrich III. im Neuen Palais. Sein Sohn Wilhelm II. wählte das Schloss von Ostern bis Weihnachten als Hauptresidenz.

Südöstlich des Neuen Palais befindet sich der **Freundschaftstempel**, den Friedrich der Große zum Gedenken an seine geliebte Schwester Wilhelmine (1709–58) errichten ließ. Die Statue in dem offenen Tempel von 1768 zeigt die Prinzessin von Preußen und spätere Markgräfin von Bayreuth in nachdenklich-versunkener Pose.

Als architektonisches Pendant entstand im Nordosten der geschlossene **Antikentempel**, in dem Friedrich II. Kunstgegenstände, Münzen und Gemmen aufbewahren ließ und der ab 1828 als Grablege der Hohenzollern diente.

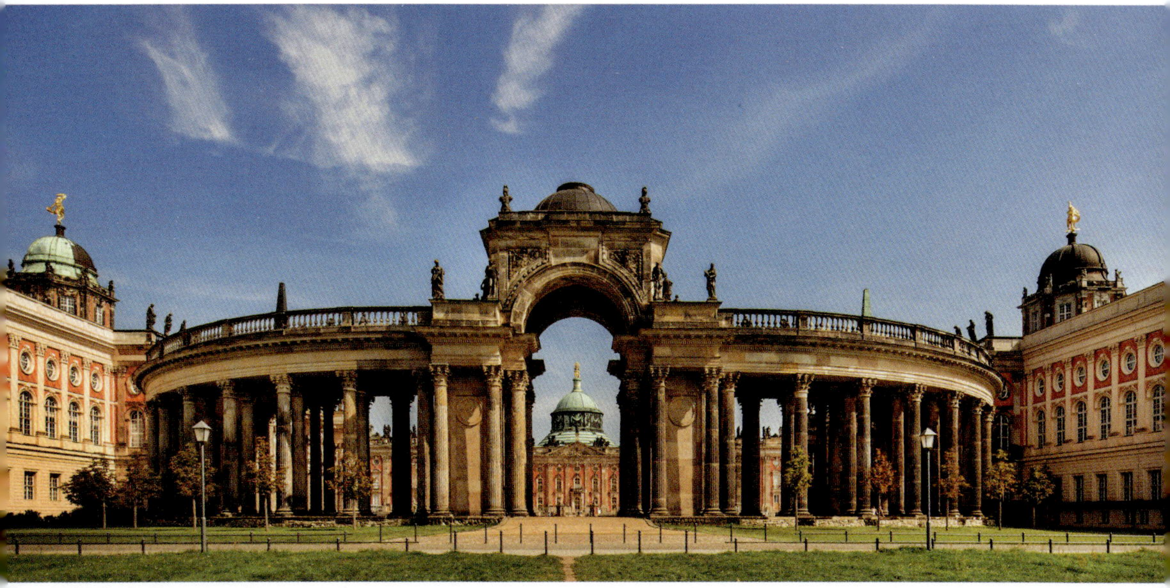

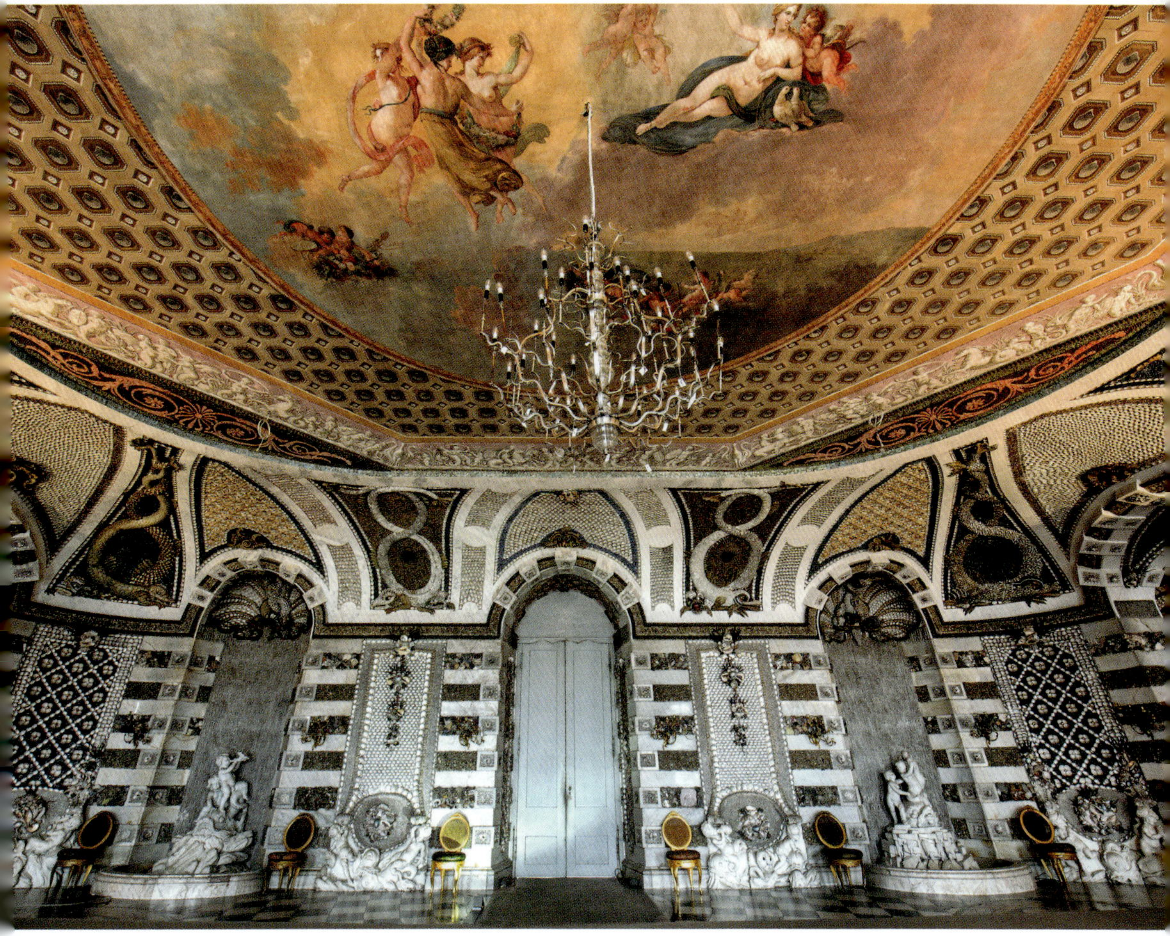

# Nikolaikirche

Weithin sichtbar dominiert die imposante Kuppel der Nikolaikirche die Silhouette der Stadt. Das von Karl Friedrich Schinkel (1781–1841) entworfene Gotteshaus ist eines der bedeutendsten Werke der klassizistischen Architektur. Seine Vollendung erlebte der berühmte Baumeister nicht: Vier Jahre vor seinem Tod wurde die Kirche nämlich aus finanziellen Gründen ohne die von ihm geplante Kuppel 1837 geweiht.

Erst 1843–50 wurde die 77 Meter hohe Kuppel mit ihrem von Säulen umstandenen Tambour von den Schinkel-Schülern Ludwig Persius und Friedrich August Stüler errichtet. Zur Anwendung kam dabei eine damals neue Konstruktion aus Gusseisen. Die ringförmige Kolonnade des Tambours dient als Aussichtsplattform.

Im Kirchensaal sind der tempelartige Altar, der Taufstein aus schwarzem Marmor und die reichverzierte Kanzel aus der Zeit Schinkels erhalten. Die übrige Innengestaltung des im Zweiten Weltkrieg zerstörten Gotteshauses wurde bis 1981 vereinfacht wiederhergestellt. Eingebaut wurden Gemeinderäume aus Glas unter den nunmehr breiteren Emporen.

Am Ort der Nikolaikirche wurde bereits im 13. Jahrhundert die erste Potsdamer Kirche errichtet. Der 1721–24 erbaute barocke Vorgängerbau der Schinkel-Kirche brannte 1795 nieder.

*Werke von Schinkel: Tempelartiger Altar und Kanzel der Nikolaikirche*

*Meisterwerk des Klassizismus: Potsdams bekanntestes Gotteshaus*

*Blick in die Kirchenkuppel: Bildnisse der vier Evangelisten*

*(Im Uhrzeigersinn von links oben)*

Am Alten Markt
Tel. 270 86 02

▷ Tram 91, 92, 93, 96, 98, 99
Alter Markt / Landtag

# Orangerieschloss

Das Orangerieschloss markiert den Höhepunkt der regen Bautätigkeit in Potsdam unter Friedrich Wilhelm IV. (1795–1861). Der „Romantiker auf dem Thron" war der letzte Monarch, der das Gesicht der Residenzstadt durch eine Vielzahl von Neubauten prägte. Seine Anregungen holte er sich auf seiner Reise nach Italien im Jahr 1828. Fortwährend zeichnete der begabte König Skizzen von Bauwerken, die italienisches Flair an die Havel bringen sollten.

Das Orangerieschloss ist eine Mischung aus der Villa Medici in Rom und den Uffizien in Florenz. Die Lage auf dem Höhenzug von Park → **Sanssouci** steigert den monumentalen Eindruck des 300 Meter breiten Bauwerks noch. Architekt Ludwig Ferdinand Hesse vollendete 1851–64 die Entwürfe des Königs und seiner Kollegen Ludwig Persius und Friedrich August Stüler.

Im Mittelbau des Komplexes befindet sich der Raffaelsaal, in dem 47 Kopien von Gemälden des italienischen Renaissancekünstlers Raffael ausgestellt sind. Die Marmorskulptur auf der großen Terrasse vor dem Eingang stellt Friedrich Wilhelm IV. dar.

Westlich der Orangerie führt eine prachtvolle Allee zum **Drachenhaus** im Stil einer chinesischen Pagode und zum **Belvedere** auf dem Klausberg, beide noch unter Friedrich II. erbaut.

An der Orangerie 3–5
Wegen Renovierungsarbeiten bis auf Weiteres geschlossen

**Restaurant und Café Drachenhaus**
Maulbeerallee 4
Tel. 505 38 08

▷ Bus 695, X15 Orangerie

*Bauwerken der Renaissance nachempfunden: Das Orangerieschloss*

*Zum Park Sanssouci schauend: Bauherr Friedrich Wilhelm IV.*

*Der Chinamode folgend: Das Drachenhaus*

*Mit Fernsicht: Belvedere auf dem Klausberg*

*(Im Uhrzeigersinn von oben)*

# Paretz

Neugotisch umgestaltet: Die Paretzer Dorfkirche

Von Hand bemalt: Kostbare Papiertapeten im Gartensaal des Schlosses Paretz

In der Schlossremise zu bestaunen: Die Brautkutsche der künftigen Königin Luise

Puritanische Noblesse: Das von Gilly entworfene Schloss

*(Im Uhrzeigersinn von links oben)*

Wer auf den Spuren der populärsten Monarchin Preußens wandeln möchte, den führt der Weg nach Paretz im Havelland. Auf **Schloss Paretz** verlebte die legendäre Königin Luise (1776 bis 1810) mit ihrem Gemahl König Friedrich Wilhelm III. (1770–1840) und den gemeinsamen Kindern unbeschwerte Sommerwochen.

Das von David Gilly 1797, im Jahr ihrer Thronbesteigung, erbaute Palais ist ein Musterbeispiel des preußischen Frühklassizismus. Gilly gestaltete bis 1805 auch den Ort Paretz zu einem ästhetisch-reizvollen Ensemble um. Besonders sehenswert sind die neugotische **Dorfkirche** und das **Gotische Haus** – einst Schmiede, heute Restaurant.

Zu den Kostbarkeiten des Schlosses gehören die original erhaltenen Papiertapeten in den königlichen Gemächern. Glanzvoller Höhepunkt eines jeden Besuchs ist die Ausstellung „Kutschen, Sänften und Schlitten des preußischen Königshauses" in der **Schlossremise**. Prunkstück ist die Brautkutsche Luises.

Mit dem Einmarsch Napoleons in Preußen 1806 waren die idyllischen Aufenthalte in Paretz beendet. Nach Jahren des Exils besuchte Königin Luise erst im Mai 1810 wieder ihr geliebtes Paretz. Zwei Monate später verstarb die vom Volk verehrte Monarchin.

Parkring 1
14669 Ketzin / OT Paretz
Tel. 033233/736 11

**Kutschenausstellung**

▷ Bus 614, 642, 658
 Paretz, Schloss

# Pfingstberg

Nicht alle Träume gingen in Erfüllung, die sich preußische Monarchen für Potsdam ersonnen. So blieb das **Belvedere** auf dem Pfingstberg ein Fragment. Imposant ist das Bauwerk, das unter König Friedrich Wilhelm IV. (1795–1861) entstand, dennoch. Monumental erhebt es sich auf der grünen Kuppe und bietet einen atemberaubenden Rundblick über die Potsdamer Kulturlandschaft. Dies blieb auch der einzige Zweck des Gebäudes im Stil der italienischen Renaissance, das lediglich zwei Räume besitzt. Gleich drei Architekten, Ludwig Persius, Friedrich August Stüler und Ludwig Ferdinand Hesse, waren 1849–62 mit dem Projekt betraut. Unverwirklicht blieben ein Casino und eine kolossale Kaskade, die den Hang hinunter bis zum Neuen Garten reichen sollte. Um die geplante Wassertreppe zu speisen, wurde im Hof des Belvederes ein riesiges Wasserbecken errichtet. Einen Kontrast bildet der **Pomonatempel** unterhalb des Belvederes: klein, bescheiden, fast zierlich. Architekturliebhaber bekommen jedoch leuchtende Augen, denn Hofrat Karl Ludwig von Oesfeld beauftragte für diesen antikisierenden Gartenpavillon im Jahr 1800 den damals erst 19-jährigen und noch unbekannten Karl Friedrich Schinkel. Der Pomonatempel mit Dachterrasse war dessen erstes Bauwerk.

**Belvedere auf dem Pfingstberg**
Tel. 20 05 79 30

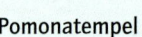

**Pomonatempel**

▷ Bus 603 Persiusstraße,
  Bus 604, 609, 638, 697
  Am Pfingstberg

*Bietet einen überwältigenden Rundblick:*
*Das Belvedere auf dem Pfingstberg*

*Kontrastreiches Duo: Belvedere und Pomonatempel*

*Orientalisch: Saaldecke des Maurischen Kabinetts im Belvedere*

*Einer von nur zwei Räumen im Belvedere: Das Römische Kabinett*

*(Im Uhrzeigersinn von links oben)*

# Ruinenberg und Historische Mühle

Im Normannischen Turm: Ausstellung zum Ruinenberg

Schloss Sanssouci zentral im Blick: Aussicht vom Normannischen Turm

Dient heute als Museum: Die Historische Mühle am Schloss Sanssouci

Säumen das Wasserbassin auf dem Berg über Sanssouci: Kunstvoll inszenierte Ruinen

(Im Uhrzeigersinn von links oben)

Friedrich II. (1712–86), als Feldherr jahrelang unermüdlich unterwegs, reiste in Friedenszeiten nicht gerne. Umso lieber staffierte er Potsdam mit Kulissen aus, die ihm den Eindruck ferner Länder vermitteln sollten. Vom Ehrenhof seines Schlosses → **Sanssouci** fällt der Blick daher auf eine antikisierende römische Ruine, perfekt inszeniert vom italienischen Theatermaler Innocente Bellavite. Das Ensemble auf dem Ruinenberg wurde 1841–45 durch einen **Normannischen Turm** ergänzt. Das einzige Bauwerk auf dem Ruinenberg, das einen Zweck erfüllen sollte, war das gigantische Wasserbassin. Mithilfe der Wassermaßen sollten die Brunnen und Fontänen im Park Sanssouci sprudeln. Allein, die Technik funktionierte nicht.

Seinen Sinn für stimmungsvolle Bilder bewies Friedrich II. auch im Fall der Historischen Mühle. Den simplen Profanbau direkt neben seinem Lieblingsschloss empfand der Monarch als „Zierde". Dass ihn das Klappern gestört habe, ist eine Legende. Nach Friedrichs Tod wurde die Mühle bis 1791 im Stil einer holländischen Windmühle mit Umgang umgebaut. Die rekonstruierte Mühle ist heute ein Museum, in dem zu sehen ist, wie um 1900 mit Windkraft das Korn geschrotet, gemahlen oder zu Flocken verarbeitet wurde. Direkt daneben befindet sich eines der beiden Besucherzentren der SPSG.

**Historische Mühle**
Maulbeerallee 5
Tel. 550 68 51

▷ Bus 695, X15
   Schloss Sanssouci

# Russische Kolonie Alexandrowka

Die Adelshäuser Hohenzollern und Romanow waren durch den gemeinsamen Waffengang gegen Napoleon freundschaftlich verbunden. Nach dem Tod Zar Alexanders I. (1777–1825) baute ihm König Friedrich Wilhelm III. (1770 bis 1840) in Potsdam ein Denkmal: die Russische Kolonie Alexandrowka. Bis 1827 entstanden nördlich des Stadtzentrums 13 Blockhäuser im russischen Stil – mit rustikalen Holzbohlen und den typischen geschnitzten Stirnbrettern an den schmuckvollen Giebelfassaden. Den Grundriss für das einzigartige Ensemble entwarf Gartendirektor Peter Joseph Lenné in Form eines Hippodroms.
An der Wegkreuzung im Zentrum liegt das russische Restaurant „Alexandrowka". In einem der Häuser befindet sich das **Museum Alexandrowka**, das über Geschichte und Alltag der Russischen Kolonie informiert. Umgeben von Nutzgärten bewahrte die denkmalgeschützte Siedlung ihre bäuerliche Idylle.
Für die ersten Bewohner der Kolonie, russische Sänger im Dienste des Preußenkönigs, entstand bis 1829 die **Alexander-Newski-Gedächtniskirche**. Die älteste russisch-orthodoxe Kirche in Westeuropa entwarf Karl Friedrich Schinkel in Zusammenarbeit mit dem russischen Baumeister Wassilij Petrowitsch Stassow.

**Museum Alexandrowka**
Russische Kolonie 2
Tel. 817 02 03

**Alexander-Newski-Gedächtniskirche**
Russische Kolonie 14
Tel. 29 63 13

▷ Tram 92, 96 Puschkinallee,
  Bus 604, 609, 638, 697
  Am Schragen / Russische Kolonie

Bietet landestypische Speisen: Restaurant in der Russischen Kolonie

Wie im alten Russland: Herd mit Samowar im Museum

Auf einer Anhöhe: Alexander-Newski-Kapelle

Zeigt das frühere Leben in der Russischen Kolonie: Museum Alexandrowka

(Im Uhrzeigersinn von links oben)

# Sacrow

Fernab der Touristenströme ist der Ort Sacrow eine Ruheoase in der beliebten Potsdamer Kulturlandschaft. König Friedrich Wilhelm IV. (1795–1861) erwarb das Gut Sacrow, um damit die Idylle des königlichen Arkadiens rund um den Jungfernsee zu vervollständigen. Den **Schlosspark Sacrow**, der heute wild-romantisch wirkt, gestaltete Gartenarchitekt Peter Joseph Lenné ab 1841. Er achtete dabei auf Sichtachsen nach Potsdam, Babelsberg und Glienicke. Unmittelbar am Havelufer des Parks liegt malerisch die **Heilandskirche**, die 1841–44 entstand. Der Architekt Ludwig Persius gestaltete das Gotteshaus im Stil einer frühchristlichen Basilika mit umlaufendem Säulengang. Der freistehende Campanile diente 1897 als Antennenträger für die ersten erfolgreichen Versuche drahtloser Funktechnik in Deutschland. Während der deutschen Teilung stand die Heilandskirche eingezwängt zwischen Berliner Mauer und Havel 28 Jahre lang im Niemandsland. Heiligabend 1989 konnte erstmals wieder ein Gottesdienst stattfinden.

Im barocken **Schloss Sacrow** verbrachte der Dichter Friedrich de la Motte Fouqué (1777 bis 1843) seine Kinderzeit. In den Sommermonaten finden hier kulturelle Veranstaltungen statt.

**Sacrower Heilandskirche**
Fährstraße
Tel. 505 21 44

**Schloss Sacrow**
Weinmeisterweg 8
Tel. 60 14 98 77

▷ Bus 697 Schloss Sacrow

Mit zauberhaftem Blick auf die Havel:
Sacrower Heilandskirche

Ähnelt einem vor Anker liegenden Schiff:
Die halb im Flussbeet liegende Kirche

Schlicht gehalten: Innenraum der Heilandskirche

Von Grün umgeben: Das Schloss Sacrow

(Im Uhrzeigersinn von links oben)

# Sanssouci, Schloss und Park

König Friedrich II. (1712–86), der legendäre Monarch, unter dem sich Preußen im 18. Jahrhundert als neue Großmacht etablierte, hatte keinen Sinn für den Pomp und die glanzvollen Auftritte seiner Standesgenossen. Anstatt eines großen Prunkbaus ließ er sich deshalb gleich zu Beginn seiner 46-jährigen Amtszeit auf einem Weinberg westlich der Potsdamer Stadtmauer ein kleines Sommerschloss bauen, wo er zwanglos die warme Jahreszeit verbringen wollte.

Der künstlerisch hochbegabte Monarch zeichnete eigenhändig die Skizze, nach der der mit ihm befreundete Baumeister Georg Wenzeslaus von Knobelsdorff 1745–47 das berühmteste Schloss der Hohenzollern-Dynastie errichtete. Die fröhlich-ausgelassenen Figuren an der Gartenfassade, Begleiter des Weingottes darstellend, unterstreichen das französische Motto des großartigen Rokoko-Bauwerks: „Sans souci", ohne Sorge.

In seinem Lieblingsschloss versammelte der frankophile Friedrich weltgewandte Geistesgrößen um sich, um während der abendlichen Diners stundenlang zu debattieren. Zum Kreis dieser legendären Tafelrunde zählte eine Zeit lang auch der berühmte französische Philosoph Voltaire (1694–1778).

Die fantasievoll-filigrane Dekoration der Innenräume verzaubert mit der spielerischen Heiter-

**Schloss Sanssouci**
Maulbeerallee
Tel. 969 42 00

**Chinesisches Haus**

▷ Bus 695, X15 Schloss Sanssouci

Sorgenfrei: Der Schriftzug „Sans souci" am Königspalast
Prächtig: Im Marmorsaal fanden Friedrichs Tafelrunden statt
Legendär: Im Konzertzimmer spielte der König auf seiner Querflöte
Schwungvoll: Schloss Sanssouci mit seinen Weinbergterrassen
(Im Uhrzeigersinn von links oben)

keit des friderizianischen Rokoko. Die dekorativen Kostbarkeiten schufen Johann August Nahl und die Brüder Hoppenhaupt. Im opulent gestalteten Konzertzimmer unterhielt Friedrich der Große seine Gäste als Flötenspieler.

Der Lehnsessel, in dem der von seinen Untertanen gern als „Alter Fritz" titulierte Herrscher am 17. August 1786 starb, steht noch in seinem einstigen Arbeitszimmer. Erst 1991 wurde sein Wunsch erfüllt, bescheiden wie „ein Philosoph" in der Gruft direkt am Schloss bestattet zu werden. Elf seiner Hunde liegen ebenfalls in der schlichten Begräbnisstätte.

Rund um das Schloss wurde ein barocker Ziergarten angelegt, der nach dem Bau weiterer Gebäude Schritt für Schritt vergrößert wurde. Seine heutige Form als Landschaftspark erhielt der Schlosspark Sanssouci ab 1818 durch Peter Joseph Lenné. Entstanden ist ein Gesamtkunstwerk, in das neben dem Rokoko-Schloss eine Vielzahl weiterer Gebäude wie das → **Neue Palais**, das → **Orangerieschloss**, die → **Bildergalerie** und Orangerieschloss → **Charlottenhof** eingebettet sind.

Ein weiteres Kleinod des Rokoko ist das **Chinesische Haus**. Der exotische Pavillon entstand 1754–56 ebenfalls nach Skizzen Friedrichs des Großen. Vergoldete Sandsteinfiguren, die Chinesen darstellen, zieren die Terrassen, auf dem Dach sitzt ein goldener Mandarin.

Fürstlich: Zimmer im Gäste-
trakt des Schlosses

Galant: Venus aus Marmor
an der Großen Fontäne

Als Reiterstandbild: Friedrich
der Große im Park Sanssouci

Rokoko mit fernöstlichem
Flair: Das Chinesische Haus
von 1756

(Im Uhrzeigersinn von links
oben)

# Schiffbauergasse, Kulturquartier

Im Kulturquartier Schiffbauergasse zeigt Potsdam sein zeitgenössisches Gesicht. Wahrzeichen ist das 2006 eröffnete **Hans Otto Theater**, Potsdams wichtigste Sprechbühne. Die expressiv geschwungene Fassade ist ein Blickfang am Ufer des Tiefen Sees. Mit dem Neubau des renommierten Kölner Architekten Gottfried Böhm bekam die 1949 gegründete Bühne eine markante Spielstätte.

Mit dem Hotel und Apartmenthaus „Waveboard Boardinghouse" und dem **Volkswagen Design Center** stehen zwei weitere interessante Bauwerke des 21. Jahrhunderts in unmittelbarer Nachbarschaft des Theaters.

Das Quartier Schiffbauergasse befindet sich auf dem Gelände eines ehemaligen Gaswerks in der Berliner Vorstadt. 1856–1990 wurde hier Steinkohle vergast. Auch in den benachbarten denkmalgeschützten Hallen der einstigen Leibgarde-Husaren-Kaserne herrscht heute ein reges und buntes Kulturleben. Zu finden sind Konzertadressen wie das renommierte **Waschhaus**, Kleinkunstbühnen, Varietés und Tanztheater. Eine besondere Spielstätte ist das **Theaterschiff**. Das **museum FLUXUS+** zeigt moderne und zeitgenössische Kunst. Abwechslungsreiche Gastronomie und die Lage am Havelufer sorgen dafür, dass das vielfältige Kulturviertel sich großer Beliebtheit erfreut.

Schiffbauergasse 4a–17
Tel. 64 73 16 91

▷ Tram 93 Schiffbauergasse/
   Berliner Straße, Tram 94, 99
   Schiffbauergasse/Uferweg

Vom Gaswerk zum Kulturquartier: Areal an der Schiffbauergasse

Exaltiert in Farbe und Form: Das Hans Otto Theater

Nachbar des kulturellen Zentrums: Das Volkswagen Design Center

In der Sommerzeit nach draußen verlegt: Bühne im Kulturquartier

(Im Uhrzeigersinn von oben)

# Stadtschloss (Landtag)

Mit dem Bau des Stadtschlosses wurde Potsdam Residenzstadt der Hohenzollern-Dynastie. In den Jahren 1662–74 wurde der Wunsch des Großen Kurfürsten (1620–88) nach einem Schloss im Havelstädtchen realisiert. Drei Jahrhunderte später, im Frühjahr 1960, ließ die DDR-Führung das kriegsbeschädigte Erbe der Monarchie abreißen.

Seit 2014 ist das Stadtschloss nun wieder Fixpunkt der Potsdamer Altstadt. Seitdem wird hier wieder über die Geschicke Brandenburgs entschieden: Hinter der rekonstruierten Fassade tagt der Brandenburger Landtag – allerdings in modernen Räumen. Äußerlich zeigt sich das Stadtschloss heute in der Version, die unter Friedrich II. entstand und die Zeit bis zur Zerstörung im Zweiten Weltkrieg überdauerte. Wenige Jahre nach seiner Krönung entschied sich der Regent 1744 für Potsdam als ständige Residenz. Hofarchitekt Georg Wenzeslaus von Knobelsdorff baute zu diesem Zweck das Stadtschloss innerhalb von acht Jahren zu einem repräsentativen Palast des preußischen Königshofs aus. Das damals blaue Dach war großzügig mit Goldornamenten verziert, Vasen und Skulpturen schmückten die Attika. Das **Fortunaportal** am Alten Markt, anlässlich der Krönung von Friedrich I. (1657–1713) im Jahre 1701 zum ersten Preußenkönig errichtet, wurde als

**Landtag Brandenburg**
Am Alten Markt 1
Tel. 96 60

▷ Tram 91, 92, 93, 96, 98, 99
  Alter Markt/Landtag

*Prägt wieder die Potsdamer Altstadt: Das rekonstruierte Stadtschloss*

*Für Petitionen an den Herrscher: Bittschriftenlinde am Schloss*

*Mit originalem Sandsteindekor: Vorderfront des Schlosses*

*Mit preußischem Adler: Kartusche über dem Portal*

*(Im Uhrzeigersinn von links oben)*

Symbol der erlangten Königswürde in den Umbau integriert.

Die prachtvollen Gemächer Friedrichs des Großen schwelgten in den elegant-verspielten Formen des Rokoko. Die königlichen Räume lagen in der ersten Etage und waren zur Langen Brücke ausgerichtet. An der Stelle des ehemaligen Festsaals hinter der Schlossrampe befindet sich heute der Plenarsaal.

Vor der Hauptfront schloss sich der **Lustgarten** an, der heutzutage hinter dem Turm eines Hotels zu finden ist. Seine Gestaltung orientiert sich an der neuen Nutzung als Erholungsgebiet und Veranstaltungsort. Im **Neptunbrunnen** stehen Fragmente der Figurengruppe „Neptuns Triumph" aus der Zeit Friedrichs II.

Knobelsdorff entwarf auch die **Ringerkolonnade**, eine Säulenreihe, die ursprünglich das Stadtschloss mit dem damaligen Marstall und heutigen Filmmuseum verband und von der ein Stück wieder aufgestellt wurde.

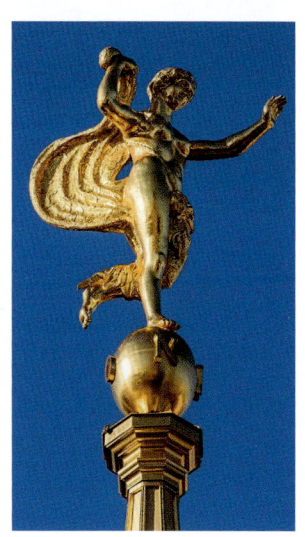

Teilweise erhalten: Neptunbrunnen im Lustgarten

Symbol für das Königreich
Preußen: Fortunaportal

Gab dem Portal den Namen:
Vergoldete Glücksgöttin Fortuna

Potsdamer Mix: Stadtschloss mit
Kolonnade und DDR-Hotelturm

(Im Uhrzeigersinn von links oben)

# Villenkolonie Neubabelsberg

Hier logierte 1945 Harry S. Truman: Villa Grote-Müller

Hier war Winston Churchill zu Gast: Villa Urbig

Hier kam Josef Stalin unter: Villa Herpich

Hier übernachteten in den 1930er-Jahren Filmkünstler wie Marlene Dietrich: Lilienthal-Burg

(Im Uhrzeigersinn von links oben)

Die → **Medienstadt Babelsberg** ist nicht nur der bekannteste Ort deutscher Filmgeschichte, Babelsberg besitzt auch das dazugehörige Prominentenviertel. Filmstars der UFA lebten in der noblen Villenkolonie am Griebnitzsee, die sich unweit der Filmstudios befindet, so Lilian Harvey, Gustav Fröhlich und Marika Rökk. Schauspielerin Brigitte Horney quartierte 1942 Erich Kästner in ihrem Haus am Johann-Strauß-Platz 11 ein. Dort schrieb der vom NS-Regime nicht gelittene Autor – unter Pseudonym – insgeheim Drehbücher. Das Haus gehörte zuvor dem jüdischen Fabrikanten Hans Gugenheim, der 1936 aus Deutschland emigrieren musste. Viele Industrielle, Bankiers und wohlhabende Großbürger aus Berlin hatten sich zum Ende der Kaiserzeit ihre luxuriösen Villen in traumhafter Lage am Seeufer gebaut. Klangvoll sind auch die Namen der Architekten, darunter Hermann Muthesius (Haus Gugenheim) und Ludwig Mies van der Rohe (Virchowstraße 23). Während der Potsdamer Konferenz 1945 wohnte Josef Stalin in der Villa Herpich (Karl-Marx-Straße 27) und Winston Churchill in der Villa Urbig von Mies van der Rohe. Die Karl-Marx-Straße 2 diente Harry S. Truman als „Little White House". In dieser Villa gab der US-Präsidenten den Befehl zum Atombombenabwurf auf die japanischen Städte Hiroshima und Nagasaki im August 1945. Ein **Gedenkstein** erinnert heute an den damit verbundenen Tod von über 100 000 Menschen.

---

Virchowstraße, Karl-Marx-Straße

**Gedenkstein zum Atombombenabwurf 1945**
Hiroshima-Nagasaki-Platz

▷ RB20, RB22, RB23, S7, Bus 616, 694, 696
Griebnitzsee

# Weberviertel

Preußens Aufstieg ist auch der Verdienst einer aktiven Einwanderungspolitik der Krone. Das beschauliche Weberviertel in Babelsberg war eine von Hunderten neuen Siedlungen für Immigranten, die unter Friedrich II. entstanden. Auf Geheiß des Königs wurde die Kolonie 1750 für Weber und Spinner aus Böhmen gegründet. In der Heimat wegen ihres protestantischen Glaubens verfolgt, fanden unzählige Familien in „Nowawes" (tschechisch, Neuendorf), wie die Kolonie hieß, ein neues Zuhause.

Die bescheidenen, eingeschossigen Wohnhäuser, in denen je zwei Familien wohnten, prägen noch heute das Straßenbild des denkmalgeschützten Weberviertels beiderseits der Karl-Liebknecht-Straße. Auf dem weiträumigen Weberplatz steht die **Friedrichskirche**, die 1753 als Gotteshaus für böhmische und deutsche Protestanten eingeweiht wurde. Der Entwurf stammt von Jan Bouman d. Ä.

Das Museum **Nowaweser Weberstube** erzählt anschaulich die Geschichte der Kolonie. Es befindet sich in einem ehemaligen Kolonistenhaus aus dem Jahr 1752. Die Weber lebten unter sehr ärmlichen Bedingungen, in nur einer Stube mussten die mittellosen Familien zugleich arbeiten und wohnen. Aufgrund der Not kam es in Nowawes wiederholt zu sozialen Unruhen.

**Weberstube Nowawes**
Karl-Liebknecht-Straße 23
Tel. 70 70 59

▷ S7 Bahnhof Babelsberg,
Tram 94, 99, Bus 601, 616, 690,
693, 694 Rathaus Babelsberg

*Spartanisch: Erhaltenes Weberhaus in der Karl-Liebknecht-Straße*

*Für böhmische Protestanten erbaut: Die Friedrichskirche am Weberplatz*

*Domizil für arme Einwanderer: Zweifamilienhaus im Weberviertel*

*Ausstellung zum Leben in der Kolonie: Die Nowaweser Weberstube*

*(Im Uhrzeigersinn von links oben)*

# Wissenschaftspark Albert Einstein

Wie ein futuristisches Denkmal für Albert Einstein (1879–1955) wirkt der nach ihm benannte **Einsteinturm**. Das außergewöhnliche Gebäude wurde 1920–22 errichtet, um Einsteins Relativitätstheorie nachzuweisen.

Die vom Architekten Erich Mendelsohn entworfene Beobachtungsstation für die Sonne ist ein weltberühmtes Meisterwerk expressionistischer Architektur und die Krönung des Wissenschaftsparks.

Auf dem bewaldeten **Telegrafenberg** erforschen namhafte Institute – darunter das Deutsche GeoForschungszentrum und das Institut für Klimafolgenforschung – das Universum, die Erde, die Ozeane sowie das Klima.

Imposant sind die Observatorien aus der Kaiserzeit: In einem großen Kuppelbau aus dem Jahre 1899 verbirgt sich das viertgrößte Linsenfernrohr der Welt. Gleich nebenan, auf dem höchsten Punkt des Telegrafenbergs, baute der Architekt Paul Emanuel Spieker das weltweit erste **Astrophysikalische Observatorium**, heute Michelson-Haus.

Die Anhöhe südlich der Innenstadt erhielt den Namen Telegrafenberg aufgrund einer Telegrafenstation für das preußische Militär. Ein Nachbau der Station Nr. 4 – einer von insgesamt 62 Stationen, die 1842–59 zwischen Berlin und Koblenz Nachrichten übermittelten – erinnert an die damalige Kommunikation mittels optischer Signale.

*Traditionsreiche geodätische Forschungsstätte: Das Helmerthaus auf dem Telegrafenberg*

*Kernstücke des Wissenschaftsparks: Astrophysikalische Observatorien und Einsteinturm (unten)*

*In Form eines Kleeblatts: Das Helmholtzzentrum für geologische Forschung*

*Beobachtungsstation für die Sonne: Einsteinturm*

*(Im Uhrzeigersinn von links oben)*

Telegrafenberg / Albert-Einstein-Straße
Gelände öffentlich zugänglich

**Einsteinturm**
Tel. 29 17 41

▷ Bus 691 Zum Telegrafenberg

# Service

Für alle Telefonnummern gilt, sofern nicht anders angegeben, die Potsdamer Vorwahl 0331.

## POTSDAM-INFO UND HOTELSUCHE

Die offiziellen Internetportale der Landeshauptstadt www.potsdam.de und www.potsdamtourismus.de bieten ausführliche und aktuelle Informationen zu Kultur und anderen Veranstaltungen und helfen – genau wie www.hotels-potsdam.de – bei der Suche nach einer geeigneten Unterkunft. Die Seiten www.info-potsdam.de und www.potsdam-abc.de liefern ebenfalls Infos zu aktuellen Themen, Veranstaltungen, Kultur, Gastronomie, Sport etc.
Darüber hinaus gibt es drei *Tourist Informationen* in der Innenstadt: am Alten Markt (Humboldtstraße 2), in der mobi agentur in der Passage des Hauptbahnhofs und am Luisenplatz 3 (Ecke Allee nach Sanssouci).

## INFOS ZU SCHLÖSSERN UND GÄRTEN

Aktuelle Informationen bietet die übersichtliche Internetseite der Stiftung Preußische Schlösser und Gärten (www.spsg.de). Im Park Sanssouci befinden sich zwei Besucherzentren der SPSG: an der Historischen Mühle (An der Orangerie 1) sowie am Neuen Palais (Am Neuen Palais 3, Tel. 969 42 00).
Mit den Kombitickets sanssouci+ und sanssouci+ Familie ist der einmalige Besuch aller Potsdamer Schlösser (außer Schloss Sacrow und Jagdschloss Stern; ermäßigter Eintritt für das Belvedere auf dem Pfingstberg) an einem Tag möglich. Alle Tickets sind zeitgebunden und mit einer Einlasszeit versehen. Es ist ratsam, Eintrittskarten im Voraus online zu buchen.

## TICKETS

Über www.ticketeria.de lassen sich Karten für Veranstaltungen bestellen. Zentral gelegene Konzert- und Theaterkassen sind die mobi agentur in der Bahnhofspassage (Babelsberger Straße 16, Tel. 661 42 75), der PNN-Shop in „Brandenburgs Beste" in der Wil-

helmgalerie (Platz der Einheit, Tel. 237 62 22) sowie der MAZ Media Store (Friedrich-Ebert-Straße 85–86, Tel. 284 01 40)

## STADTFÜHRUNGEN

### Busrundfahrten
Zwei Veranstalter bieten HopOn/HopOff-Touren an, die zu allen wichtigen Sehenswürdigkeiten führen und auch am Hauptbahnhof halten: Potsdam City Tour (www.potsdam-city-tour.de, Tel. 97 43 76) und City Circle (www.city-circle-potsdam.de, Tel. 030/880 41 90). Von Potsdam City Tour gibt es außerdem Stadt- und Schlösserrundfahrten ohne Unterbrechung mit Abfahrt am Hauptbahnhof (www.schloesserrundfahrten.de). Kaiser-Tour Potsdam, Start ebenfalls am Hauptbahnhof, bietet neben den klassischen Bustouren auch Hochzeitsfahrten, Vereinsevents, Fahrradtouren oder Parkführungen zu Fuß an (www.kaiser-tour.de, Tel. 7109 90).

### Havel-Schifffahrt
Die beliebten Rundfahrten über die Seen der Havel erfolgen durch die Weisse Flotte Potsdam (www.schifffahrt-in-potsdam.de, Tel. 275 92 10). Der zentrale Anleger befindet sich gegenüber dem Stadtschloss (Lange Brücke 6). Das Angebot ist vielfältig und reicht von Rundfahrten zu den Schlössern (auch Nachtfahrten) bis hin zu Tagesausflügen rund um Potsdam oder nach Berlin. Hauptsaison ist von April bis Oktober, im Januar und Februar verkehren keine Schiffe.

### Rundgänge, Fahrrad- und Paddeltouren
Eine Tour entlang der ehemaligen Stadttore bietet Kades TorTour an, Treffpunkt Brandenburger Tor (www.restaurant-pfingstberg.de, Tel. 29 35 33).

Entlang der einstigen Stadtmauer von 1722 führen auch die Potsdamer Nachtwächter (www.potsdamer-nachtwaechter.de, Tel. 0160/95 67 66 46).
Die SPSG bietet Szenische Führungen im Park Sanssouci und Park Babelsberg an: Hier plaudern „historische Persönlichkeiten" über das Leben am preußischen Hof. Diverse Zeitreisen durch die jüngste Vergangenheit Potsdams – ob zu Fuß, mit dem Rad, im Kajak oder Retro-Kleinbus – können auch bei Berlins Taiga gebucht werden (www.berlinstaiga.de). Verschiedene geführte Radtouren von Potsdam per Pedales sind bei der Radstation am Hauptbahnhof buchbar (www.pedales.de, Tel. 748 00 57).
Pedales bietet auch geführte Paddeltouren an und verleiht Kajaks, Kanus oder Stand-Up Paddles.

## NAHVERKEHR

### Öffentliche Verkehrsmittel
Im Potsdamer Stadtgebiet verkehren Linien der S-Bahn, Trams, Busse und eine Fähre (F1), die Potsdam-West mit Hermannswerder verbindet. Das Potsdamer Tarifgebiet ist in die drei Zonen A, B (Stadtgebiet) und C (direktes Umland) eingeteilt. Fahrkarten erhält man in der VBB-App oder am Automaten an den Haltestellen und in den Fahrzeugen. Mit dem VBB-Ticket für den Berliner Tarifbereich ABC können alle Verkehrsmittel des Verkehrsbetriebs Potsdam (ViP) und des VBB (Verkehrsverbund Berlin-Brandenburg) genutzt werden.
Einen Nachtverkehr mit Bussen gibt es in Potsdam täglich auf den Linien N14, N16 und N17. Die Linie N15 verkehrt nur in den Nächten von Freitag auf Samstag und Samstag auf Sonntag.
Die ViP-Kundenzentren befinden sich in der mobi agentur in der Passage des Hauptbahnhofs und in der Wilhelmgalerie (Platz der Einheit). Infos zum Potsdamer Nahverkehr erhält man unter www.swp-potsdam.de.
Für Touristen bietet Visit Berlin die Potsdam Edition der Berliner WelcomeCard an, die sich über die Tarifbereiche von Potsdam und Berlin erstreckt. Neben

der Nutzung des ÖPNV beinhaltet die WelcomeCard zusätzlich Preisnachlässe für zahlreiche kulturelle und touristische Angebote. Die Karten sind je nach Buchung von 48 Stunden bis zu 6 Tagen gültig (www.berlin-welcomecard.de).

### Wassertaxi
Auf den Potsdamer Gewässern verkehren Wassertaxis im Linienverkehr mit festem Fahrplan. 13 Stationen befinden sich an der Havel und den Havelseen. In der Saison, normalerweise Mitte April bis Mitte Oktober, verkehren die Schiffe täglich, im Winterhalbjahr nur an den Wochenenden. Zentrale Anlegestelle: Lange Brücke 6 (www.potsdamer-wassertaxi.de, Tel. 275 92 10).

### Miet-Fahrräder
Neben den Angeboten von Nextbike und der Deutschen Bahn gibt es eine Reihe von Läden, die Fahrräder für Kinder und Erwachsene verleihen, etwa die Pedales Radstationen an Hauptbahnhof und S-Bahnhof Griebnitzsee, Cityrad Rebhahn (Heinrich-Mann-Allee 7) oder Helmuts Fahrrad Center (Breite Straße 2d).

## KULTUR

### Museen
Für vier Museen – Filmmuseum, Haus der Brandenburgisch-Preußischen Geschichte, Naturkundemuseum und Potsdam Museum – gibt es die günstige MUSEUM Kombikarte, erhältlich in den Museen oder der *Tourist Information*.
Das Filmmuseum Potsdam widmet sich vor allem, aber nicht nur der Geschichte der weltberühmten Filmstudios Babelsberg (Breite Straße 1a, www.filmmuseum-potsdam.de). Das Potsdam Museum präsentiert die bewegte Geschichte der Residenzstadt (Am Alten Markt 9, www.potsdam-museum.de).

Über die facettenreiche Geschichte der preußischen Garnisonkirche informiert die Nagelkreuzkapelle (Breite Straße 7, www.garnisonkirche-potsdam.de). Das Haus der Brandenburgisch-Preußischen Geschichte bietet einen Überblick über die Zeitläufe in der Mark Brandenburg (Am Neuen Markt 9, www.hbpg.de). Und die Ausstellung in der Historischen Mühle macht den einstigen Arbeitsalltag eines Müllers lebendig (Maulbeerallee 5, www.historische-muehle-potsdam.de).

Steingut und Keramik als wichtige Gebrauchsgegenstände der Vergangenheit werden im barocken Wohnhaus „Im Güldenen Arm" ausgestellt (Hermann-Elflein-Straße 3, www.imgueldenenarm. de). Alltagskultur des 18. Jahrhunderts im Holländischen Viertel ist Thema des Jan Bouman Hauses (Mittelstraße 8, www.jan-bouman-haus.de).

Wie es sich früher in der Russischen Kolonie lebte, erfährt man im Museum Alexandrowka (Russische Kolonie 2, www.alexandrowka.de).

Das Naturkundemuseum hat die heimische Tierwelt zum Schwerpunkt (Breite Straße 13, www.naturkundemuseum-potsdam.de).

Einen Eindruck von der kargen Arbeitswelt der Weber bekommt man in der Weberstube Nowawes (Karl-Liebknecht-Straße 23, www.weberstube-nowawes.de).

Das Potsdamer Zinnfigurenmuseum im Krongut Bornstedt zeigt Miniaturen aus Zinn (www.krongut-bornstedt.de).

## Weltkulturerbe Schlösser und Gärten

Im Park Sanssouci befindet sich das Lieblingsschloss Friedrichs des Großen, Schloss Sanssouci (Maulbeerallee). Das benachbarte Gästehaus des Königs heißt Neue Kammern. Besichtigt werden kann auch die Schlossküche. Das größte Schloss Friedrichs des Großen ist das Neue Palais (Am Neuen Palais). Friedrich Wilhelm IV. ließ im Park Sanssouci das Schloss Charlottenhof errichten (Geschwister-Scholl-Straße 34a), in dessen Nähe sich das italienisch anmutende Ensemble der Römischen Bäder befindet. Aus Friedrich Wilhelms IV. Regierungszeit stammt auch das Orangerieschloss (An der Orangerie 3–5).

Im Neuen Garten, den Friedrich Wilhelm II. anlegen ließ, steht das klassizistische Marmorpalais (Im Neuen Garten 10). Kurz vor Ende der Monarchie entstand das Schloss Cecilienhof (Im Neuen Garten 11). Nordwestlich des Neuen Gartens befindet sich das Belvedere auf dem Pfingstberg.

Die Sommerresidenz Kaiser Wilhelms I. war Schloss Babelsberg (Park Babelsberg 10). Als privates Refugium diente ihm der Flatowturm im Schosspark (Park Babelsberg 12).

Zum Weltkulturerbe gehören auch zwei Schlösser, die sich auf Berliner Stadtgebiet befinden: das Schloss Glienicke inmitten eines großen Parks (Königstraße 36) und das Schloss auf der Pfaueninsel, Refugium Friedrich Wilhelms II., das vom Marmorpalais aus gut zu sehen ist.

Friedrich Wilhelm I. ließ das kleine Jagdschloss Stern erbauen (Jagdhausstraße 32). Das älteste erhaltene Schloss im Raum Potsdam, das Schloss Caputh, stammt aus der Zeit des Großen Kurfürsten (Straße der Einheit 2, Caputh). Lieblingsort von Luise und Friedrich Wilhelm III. war Schloss Paretz (Parkring 1, Paretz).

Zur Stiftung Preußische Schlösser und Gärten gehören außerdem Schloss und Park Lindstedt (Lindstedter Chaussee 1), das Krongut Bornstedt (Ribbeckstraße 7) sowie Schloss und Schlosspark Sacrow (Krampnitzer Straße 33).

In Privatbesitz befinden sich das Schloss Marquardt am Schlänitzsee (Hauptstraße 7), das nur noch für Veranstaltungen und Dreharbeiten genutzt wird, sowie das Seerestaurant Gut Schloss Golm (Am Zernsee 1).

## Kunst

Über aktuelle Ausstellungen informiert die Internetseite www.kunst-potsdam.de. Potsdam verfügt über vier sehenswerte Kunstmuseen: die Bildergalerie (Im Park Sanssouci 4), das Museum Barberini (Humboldtstraße 5–6, www.museum-barberini.com), Das Minsk mit einem Fokus auf DDR- und Gegenwartskunst (Max-Planck-Straße 17, www.dasminsk.de) sowie das museum FLUXUS+ (Schiffbauergasse 4f, www.fluxus-plus.de).

Wechselnde Ausstellungen mit Kunst der Gegenwart sind zu sehen im Ausstellungspavillon auf der Freund-

schaftsinsel (Lange Brücke, www.bkv-potsdam.de), im Kunstraum Potsdam (Schiffbauergasse 4d, www.kunstraumpotsdam.de), im Kunstverein Kunst-Haus (Ulanenweg 9, www.kvkhpotsdam.de) und in der Villa Schöningen (Berliner Straße 86, www.villa-schoeningen.de).
Eine angesagte Adresse ist das soziokreative Rechenzentrum (Dortustraße 46, www.rz-potsdam.de).

### Theater, Tanz und Konzerte
Das Theater der Landeshauptstadt ist das Hans Otto Theater (Schiffbauergasse 11, www.hansottotheater.de), einzelne Musiktheateraufführungen findet im Sommer auch im sehenswerten barocken Schlosstheater im Neuen Palais statt.
Die wichtigsten Bühnen für Kleinkunst, Varieté und Jugendtheater sind das Theaterschiff (Schiffbauergasse 9b, www.theaterschiff-potsdam.de), das T-Werk (Schiffbauergasse 4e, www.t-werk.de) und das Kabarett Obelisk (Charlottenstraße 31, www.kabarett-potsdam.de). Tanztheater bietet die fabrik Potsdam (Schiffbauergasse 10, www.fabrik-potsdam.de). Mit dem Nikolaisaal verfügt Potsdam über einen architektonisch außergewöhnlichen und akustisch herausragenden klassischen Konzertsaal

(Wilhelm-Staab-Straße 10–11, www.nikolaisaal.de). Die hier beheimatete Kammerakademie Potsdam gilt als eines der besten Kammerorchester der Welt (www.kammerakademie-potsdam.de).
Wichtigster Ort für Pop- und Rockkonzerte ist das Waschhaus (Schiffbauergasse 6, www.waschhaus.de).

### Gedenken
An den Widerstand der Wehrmachtsoffiziere gegen Hitler erinnert eine Dauerausstellung des Potsdam Museums im Ministerium für Infrastruktur und Landwirtschaft (Henning-von-Tresckow-Straße 2–8). Authentischer Ort der Potsdamer Konferenz 1945 ist der Sitzungssaal im Schloss Cecilienhof (Im Neuen Garten 11).
Den Aktivitäten der Geheimdienste im Kalten Krieg und ihren Folgen widmen sich die Gedenk- und Begegnungsstätte Leistikowstraße (Leistikowstraße 1, www.leistikowstrasse-sbg.de), der Geschichtspfad Sowjetische Geheimdienststadt „Militärstädtchen Nr. 7" (Große Weinmeisterstraße) und die Dauerausstellung „Spione.Mauer.Kinderheim" in der Villa Schöningen direkt an der Glienicker Brücke (www.villa-schoeningen.de).
An Verfolgung und Verbrechen während der NS-Diktatur, der sowjetischen Besatzung und der SED-Diktatur erinnert die Stiftung Gedenkstätte Lindenstraße im ehemaligen Gefängnis der DDR-Staatssicherheit (Lindenstraße 54, www.gedenkstaette-lindenstrasse.de).
Im Lepsiushaus kann nach Anmeldung die Ausstellung zum Engagement Johannes Lepsius' für die Armenier während des Genozids besucht werden (Große Weinmeisterstraße 45, www.lepsiushaus-potsdam.de)

### Natur, Wissenschaft und Film
Eingebettet in den Park Sanssouci ist der Botanische Garten (Maulbeerallee 2, www.botanischer-garten-potsdam.de).
Im Stadtteil Bornim befindet sich der Karl-Foerster-Garten, das blühende Stauden-Paradies des bekannten Pflanzenzüchters Karl Foerster (Am Raubfang 6). Wer sich den Sternen näher fühlen möchte, sollte das Urania-Planetarium besuchen (Gutenbergstraße 71–72, www.urania-planetarium.de). Hinter die Kulissen der Filmindustrie schauen, Effekte und Stunts bestaunen kann man im Filmpark Babelsberg (Großbeerenstraße 200, www.filmpark-babelsberg.de).
Und das Extavium lädt Kinder und Jugendliche ein, in über 80 Experimenten spannende Phänomene aus dem Bereich der Naturwissenschaften zu erforschen (Am Kanal 57, www.extavium.de).

# Register der Sehenswürdigkeiten

# Register der Künstler und Architekten

# Verkehrsbetrieb
## Stadtwerke
## Potsdam

**697** ► Schloss Sacrow ► **Gutspark Neukladow**

**Campus Jungfernsee**
**96**

**Volkspark-Linie**

Erich-Arendt-Str.
**P+R**

**603 Höhenstr.**

Volkspark

Campus
Fachhoch-
schule

Schloss Cecilienhof
*Neuer Garten*

Am Schragen

Puschkin-
allee

**92**
**Kirschallee**

**Sanssouci-Linie**

**Glienicker Brücke**
**93**

**Science Park
West**
**605**

ℹ Schloss
Sanssouci

695

**Cecilienhof-Linie**

**695**
**Alt-
Golm**

Drachenhaus

Orangerie/
Botanischer
Garten
*Park Sanssouci*

Nauener Tor

Schiffbauergasse/
Berliner Str.

**Kultur-Linie**

Luisenplatz-Süd/
Park-Sanssouci

*Extavium*

Sc

P
Babe

**Neues Palais**
**X15** ℹ

605

**Platz der
Einheit/West**
**603**

*Potsdam
Museum*

694

690

Bhf Park
Sanssouci

Schloss
Charlottenhof

Naturkunde-
museum

Alter Markt/Landtag
ℹ

Bahn

**697**

Schloßstr.

93
96
X15
695 605

Potsdam
Hauptbahnhof **P+R**
Bahn S

**Bhf Pirschheide P+R**

**Auf dem Kiewitt**
**F1**

Lange Brücke

**S Hauptbahnhof**
**X15** **603** **605**
**690** **695** ℹ ℹ

Küsselstr. ◄ **694**

**92** **9**

F1

**F1**
**Hermannswerder**

**93**

**Marie-
Juchacz-Str**

**Bhf Rehbrücke**

---

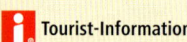 Tourist-Information

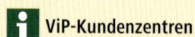 ViP-Kundenzentren

↻ Umsteigehaltestelle

ℹ Besucher-Information
Stiftung preußische
Schlösser und Gärten

ViP-Infotelefon: (0331) 6 61 42 75
vip-potsdam.de
VBB-App „Bus & Bahn" und
twitter.com/ViP_potsdam